机械制图习题集

（近机类、非机类专业）

（第 2 版）

主编　曾明华

副主编　张胜霞　尹海涛　安维胜　孙丽丽　兰纯纯

西南交通大学出版社

·成都·

图书在版编目（CIP）数据

机械制图习题集：近机类、非机类专业 / 曾明华主编. —2 版. —成都：西南交通大学出版社，2021.7（2024.9 重印）
ISBN 978-7-5643-8078-6

Ⅰ. ①机… Ⅱ. ①曾… Ⅲ. ①机械制图 – 习题集
Ⅳ. ①TH126-44

中国版本图书馆 CIP 数据核字（2021）第 126654 号

机 械 制 图 习 题 集

（近机类、非机类专业）

（第 2 版）

主编　曾明华

*

责任编辑　王　旻
封面设计　何东琳设计工作室
西南交通大学出版社出版发行
四川省成都市金牛区二环路北一段 111 号　西南交通大学创新大厦 21 楼
邮政编码：610031　发行部电话：028-87600564
http://www.xnjdcbs.com
四川森林印务有限责任公司印刷

*

成品尺寸：370 mm × 260 mm　　印张：8
字数：190 千字
2009 年 7 月第 1 版　2021 年 7 月第 2 版　2024 年 9 月第 12 次印刷
ISBN 978-7-5643-8078-6
定价：35.00 元

图书如有印装质量问题　本社负责退换
版权所有　盗版必究　举报电话：028-87600562

第一版前言

　　本习题集是为满足高等学校工科近机械类、非机械类各专业画法几何及机械制图课程的教学需要，根据高等学校工科教学指导委员会制订的"画法几何及工程制图课程教学基本要求"，按照最新的《机械制图》国家标准相关规定，在总结多年教学改革和教程建设实践经验的基础上编写而成的。

　　由于本习题集专门为近机械类、非机械类各专业编写，所以针对性强、专业覆盖面广。本习题集注重基础、突出重点，题型丰富、题量充足，确保基本功训练，亦强化了实践性教学环节。考虑到课程面对不同专业和不同学时，习题和作业都有一定的余量，教学过程中可根据专业的不同，学时的多少，来选用相应的内容练习。

　　本习题集具有以下特点：一定的余量，教学过程中

1. 题型丰富多样，覆盖面宽，体现了"强化基础、突出重点"的思想。

2. 精心设计了制图大作业系列，集作业指导和作业练习于一体。

3. 对所选图例的表达和标注采用了最新的制图国家标准。

4. 各章习题由浅入深，由易到难，便于调动学生的学习积极性。

5. 突出实用性和先进性，注重培养读者的形象思维和创新能力。

参加本习题集编写的人员：曾明华、尹海涛、郭仕章编写第一、五、六章；梁平、张胜霞、孙丽丽编写第二、三、四章；田怀文、安维胜、兰纯纯编写第七、八、九章。

由曾明华担任主编，张胜霞、尹海涛、安维胜、孙丽丽担任副主编。

在编写过程中，参考了国内外一些画法几何、机械制图习题集等相关资料，在此向原作者表示感谢。

由于编者能力有限，习题集中难免存在不足之处，敬请使用本习题集的师生和读者批评指正。

编　者

2009 年 4 月于成都

第二版前言

本习题集是为满足高等学校工科近机械类、非机械类各专业画法几何及机械制图课程的教学需要，根据高等学校工科教学指导委员会制订的"画法几何及工程制图课程教学基本要求"，在总结多年教学改革和课程建设实践经验的基础上编写而成。

由于本习题集专门为近机械类、非机械类各专业编写，所以针对性强、专业覆盖面广。本习题集注重基础并突出重点，题型丰富且题量充足，确保基本功训练和强化实践性教学环节。考虑到课程面对不同专业和不同学时，习题和作业都有一定的余量，教学过程中可根据专业的不同，教学时数的多少，而选用相应的内容练习。

本习题集在修订过程中，除了保留第一版的特点外，本版做了如下调整：

1. 采用了近年来新修订或新发布的国家标准。
2. 在点、线、面中的投影删减了部分作图的题目。
3. 在组合体练习中修改并完善部分尺寸。
4. 在机件表达方法中根据教学需要更换了部分题目。
5. 在零件图和装配图中的练习将所有技术要求的标注更换成最新的国家标准。

参加本习题集编写的人员：曾明华、尹海涛、郭仕章编写第一、五、六章；梁平、张胜霞、孙丽丽编写第二、三、四章；田怀文、安维胜、兰纯纯编写第七、八、九章。由曾明华担任主编，张胜霞、尹海涛、安维胜、孙丽丽和兰纯纯担任副主编。

在编写过程中，参考了国内外一些画法几何、机械制图习题集等相关资料，在此致以最衷心的感谢。

由于编者能力所限，习题集中难免存在不足之处，敬请使用本习题集的师生和读者批评指正。

编 者

2021 年 4 月于成都

目　录

- 一、制图的基本知识与基本技能 ······················· 1
  - 1.1　字体练习 ····································· 1
  - 1.2　图线、斜度、锥度和圆弧连接画法 ··············· 2
  - 1.3　尺寸标注练习和平面图形的尺寸注法 ············· 3
  - 1.4　基本练习作业指示 ····························· 4
- 二、点、直线、平面的投影 ··························· 6
  - 2.1　点的投影 ····································· 6
  - 2.2　直线的投影 ··································· 7
  - 2.3　平面的投影 ··································· 9
  - 2.4　直线与平面以及两平面的相对位置 ··············· 10
- 三、立体的投影 ···································· 12
  - 3.1　平面立体的投影及其表面上的点和线 ············· 12
  - 3.2　曲面立体的投影及其表面上的点和线 ············· 13
  - 3.3　平面与平面立体相交 ··························· 14
  - 3.4　平面与曲面立体相交 ··························· 15
  - 3.5　相贯线 ······································· 17
- 四、轴测图 ·· 19
  - 4.1　画出下列立体的正等测轴测图 ··················· 19
  - 4.2　画出下列立体的斜二轴测图 ····················· 20
- 五、组合体 ·· 21
  - 5.1　根据组合体的轴测图，补全其视图中所缺少的图线 ······· 21
  - 5.2　根据组合体的轴测图和给出的两个视图，补画其第三个视图 ······· 22
  - 5.3　根据组合体的轴测图，绘制其三视图，并标注尺寸 ······· 23
  - 5.4　根据给出的不完整组合体三视图，读懂视图，补全所缺少的图线 ······· 24
  - 5.5　读懂组合体的两个视图，补画其第三个视图 ······· 25
  - 5.6　组合体的尺寸标注 ····························· 27
  - 5.7　组合体三视图作业指示 ························· 28
- 六、机件的图样画法 ································ 31
  - 6.1　基本视图和辅助视图 ··························· 31
  - 6.2　剖视图的基本概念：补画出剖视图中所缺少的图线 ······· 32
  - 6.3　全剖视图 ····································· 33
  - 6.4　半剖视图和局部剖视图 ························· 34
  - 6.5　剖视图综合练习 ······························· 35
  - 6.6　断面图 ······································· 36
  - 6.7　机件的图样画法作业指示 ······················· 37
- 七、标准件和常用件 ································ 39
  - 7.1　螺纹和螺纹紧固件的规定画法和标注 ············· 39
  - 7.2　齿轮的画法 ··································· 41
  - 7.3　键、销、弹簧及滚动轴承的画法 ················· 42
  - 7.4　螺纹紧固件的连接画法作业指示 ················· 43
- 八、零件图 ·· 45
  - 8.1　读零件图 ····································· 45
  - 8.2　绘制零件图作业指示 ··························· 48
- 九、装配图 ·· 50
  - 9.1　由齿轮泵零件图拼画装配图 ····················· 50
  - 9.2　由机用虎钳零件图拼画装配图 ··················· 54

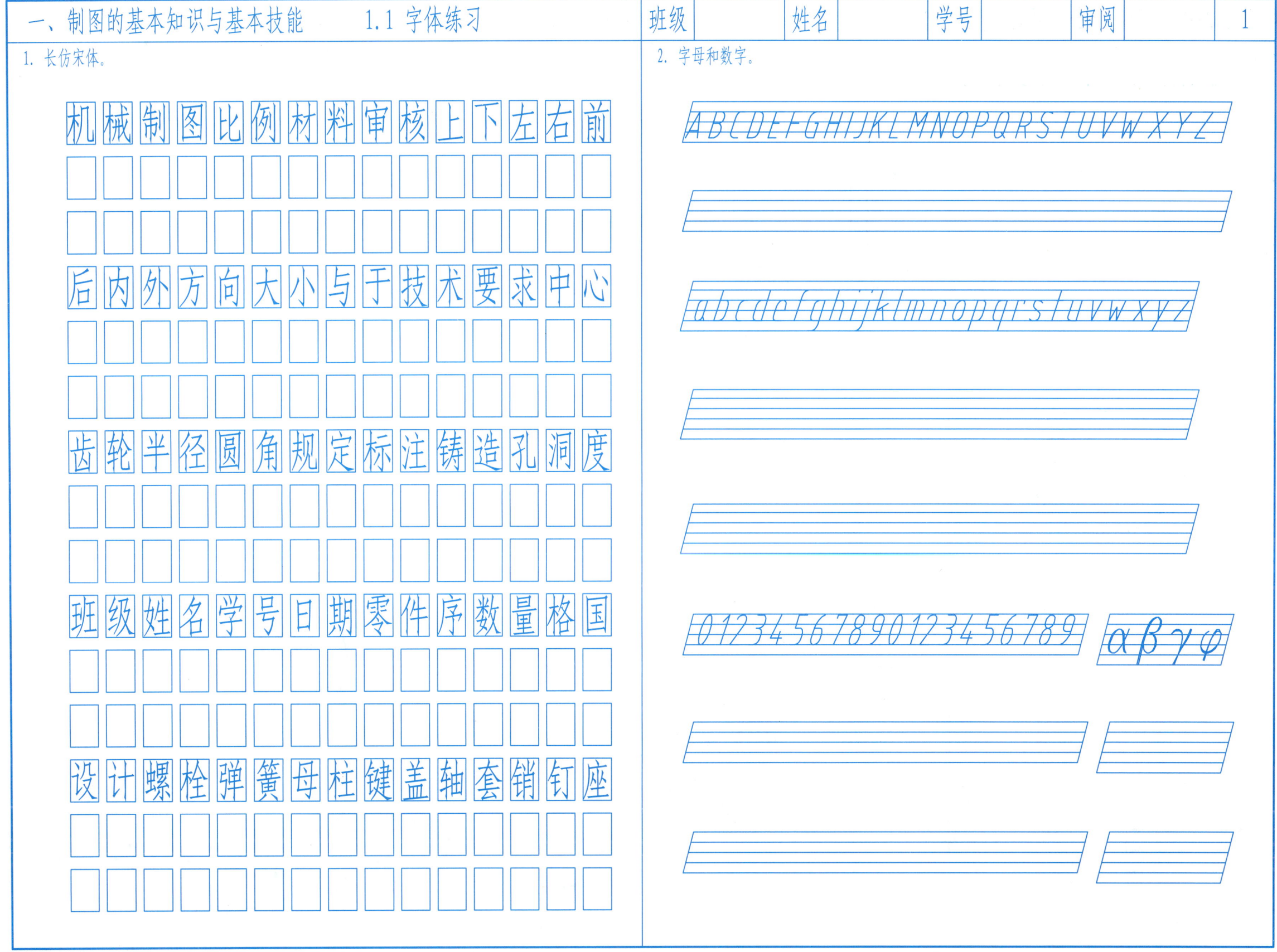

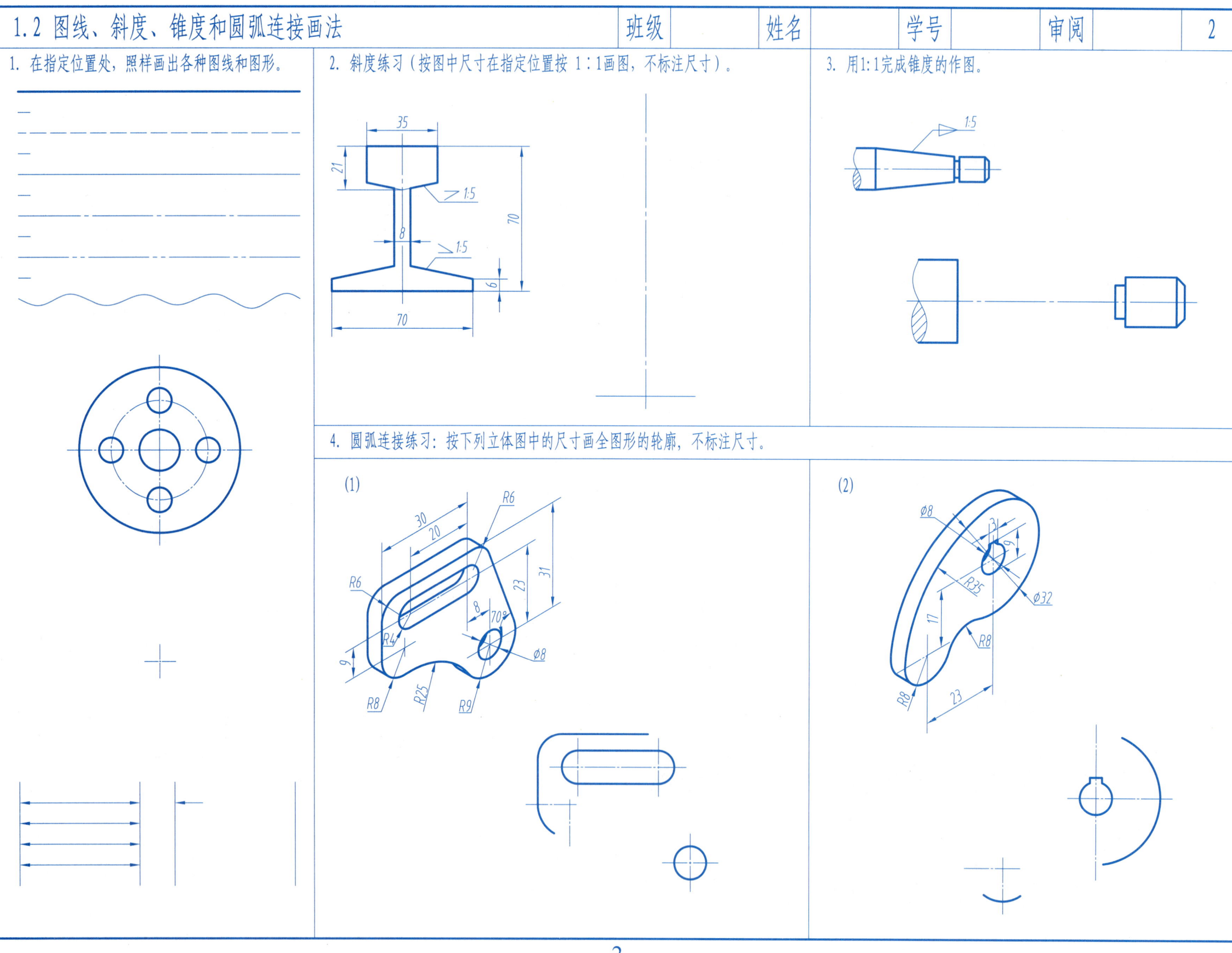

1.3 尺寸标注练习和平面图形的尺寸注法

1. 填注下列图形中的尺寸，数字从图中直接量取(取整数)。

   (1) 线性尺寸

   (2) 直径和半径

   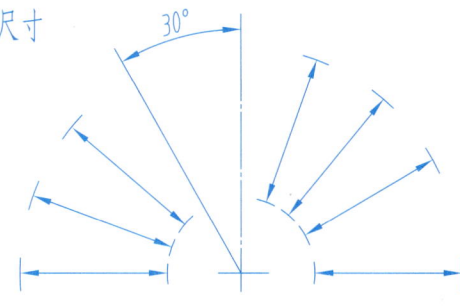

   已知半径为80

2. 圈出图中尺寸标注的错误，并在下方图形中正确标注尺寸。

   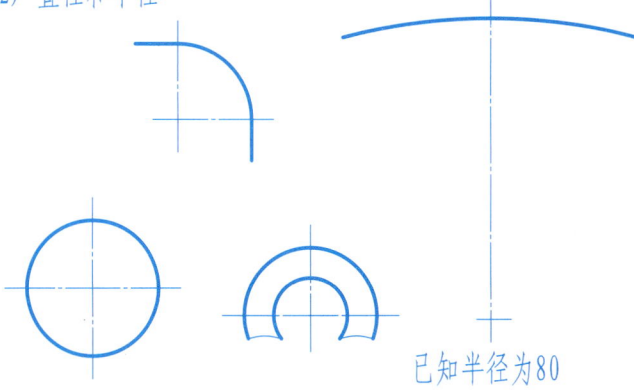

3. 补全图中的定位尺寸，数字从图中直接量取，并取整。

   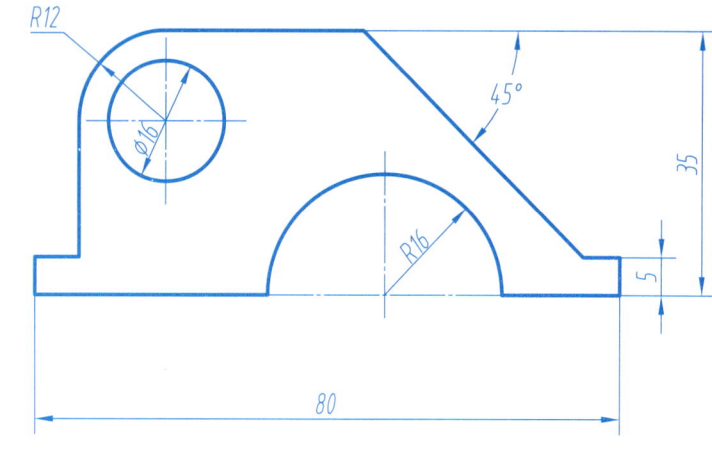

4. 补全图中的定形尺寸，数字从图中直接量取，并取整。

   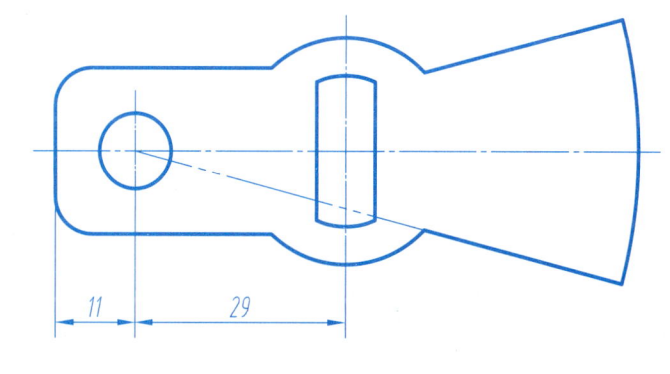

5. 标注出下列图形的尺寸，数字从图中直接量取，并取整。

   (1)

   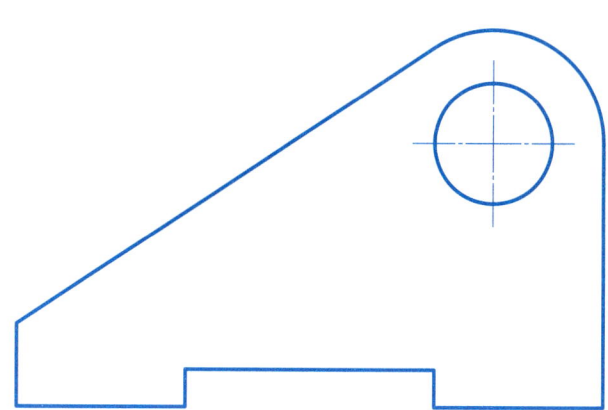

   (2)

   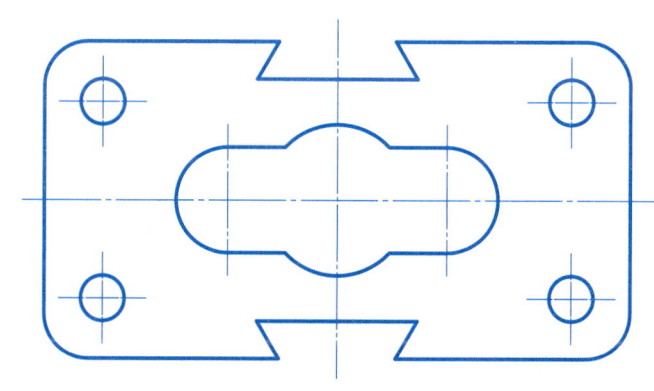

1.4 基本练习作业指示

第一次制图作业指示——基本练习

一、作业目的

1. 熟悉有关图幅、图线、字体、尺寸标注、标题栏等国家标准。
2. 熟悉平面图形的尺寸分析过程,掌握圆弧连接的作图原理与方法。
3. 通过作图练习,初步掌握绘图工具和仪器的使用方法,培养手工绘图的基本技能。

二、作业要求

1. 绘图中要严格遵守国家标准中有关线型、文字、尺寸等规定。
2. 图面布局应匀称、整洁,作图应精确。

三、作业内容

1. 图名:基本练习。
2. 图幅:A3图纸。
3. 比例:1:1。
4. 作业分两部分:第一部分线型练习置于图幅左侧,只绘制线型不标注尺寸;第二部分平面图形(可由老师指定其中的一个平面图形)置于图幅右侧,需标注尺寸。

四、绘图步骤及注意事项

1. 绘图前应对所画图形仔细分析研究,确定正确的作图步骤。
2. 先画图框的底稿线,在右下角靠齐图框线画标题栏,其规格参见教科书。
3. 根据给定的尺寸确定每一个图的位置,画基准线、定位线,还要注意应留出标注尺寸的位置。
4. 底稿要画得轻、细、准。对于圆弧连接部分,应先画已知线段,再画中间线段,后画连接线段。在底稿上要准确标注出切点和圆心的位置,供描深时用。
5. 底稿画完并经检查无误后,再描深图线。先描圆弧,后描直线,注意圆规的铅芯应比画直线的铅芯软一号。
6. 标注尺寸,最后填写标题栏。名称填写"基本练习",用10号字写;标题栏中其他字体为5号字;图号填"01"。

(1) 线型。

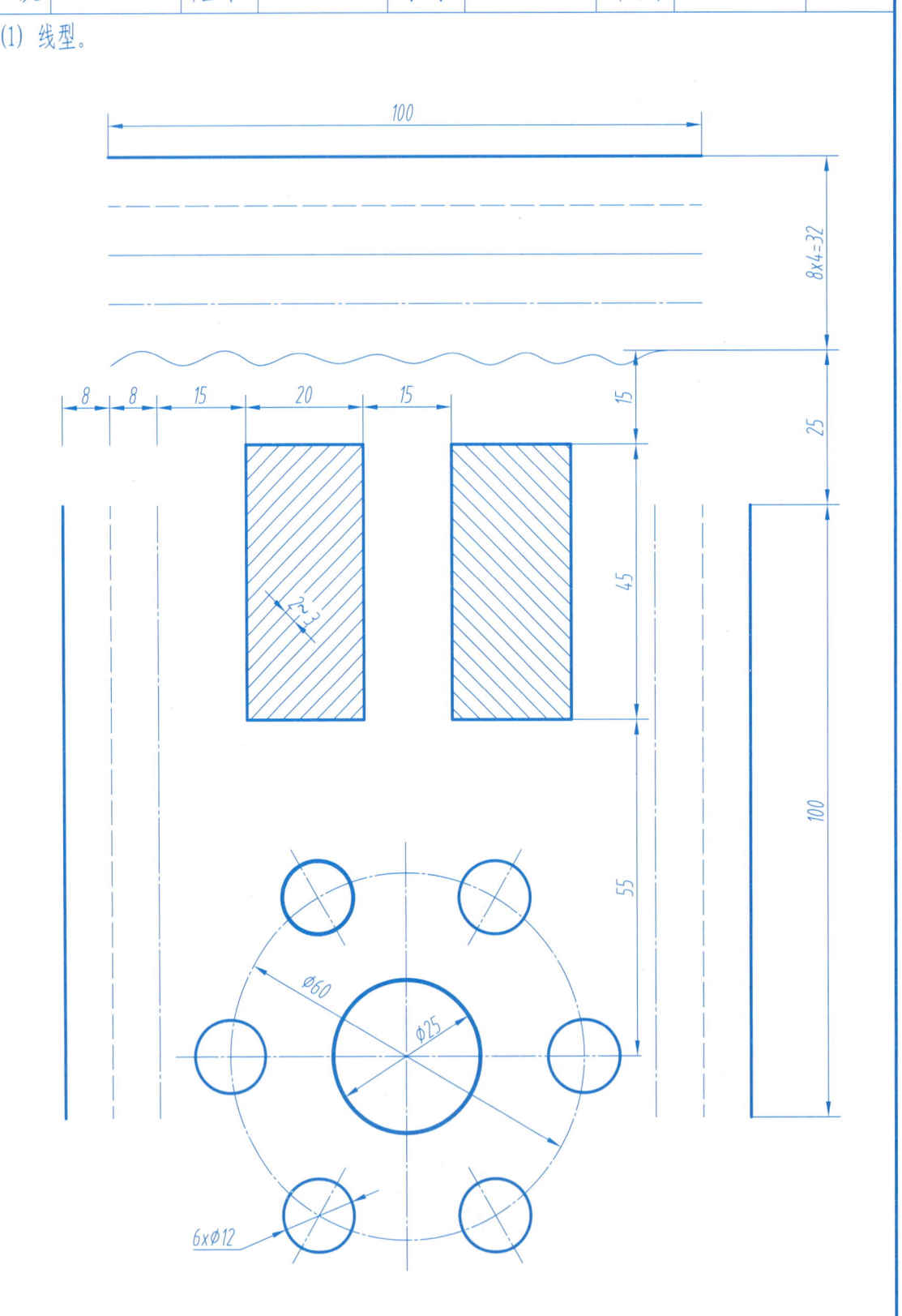

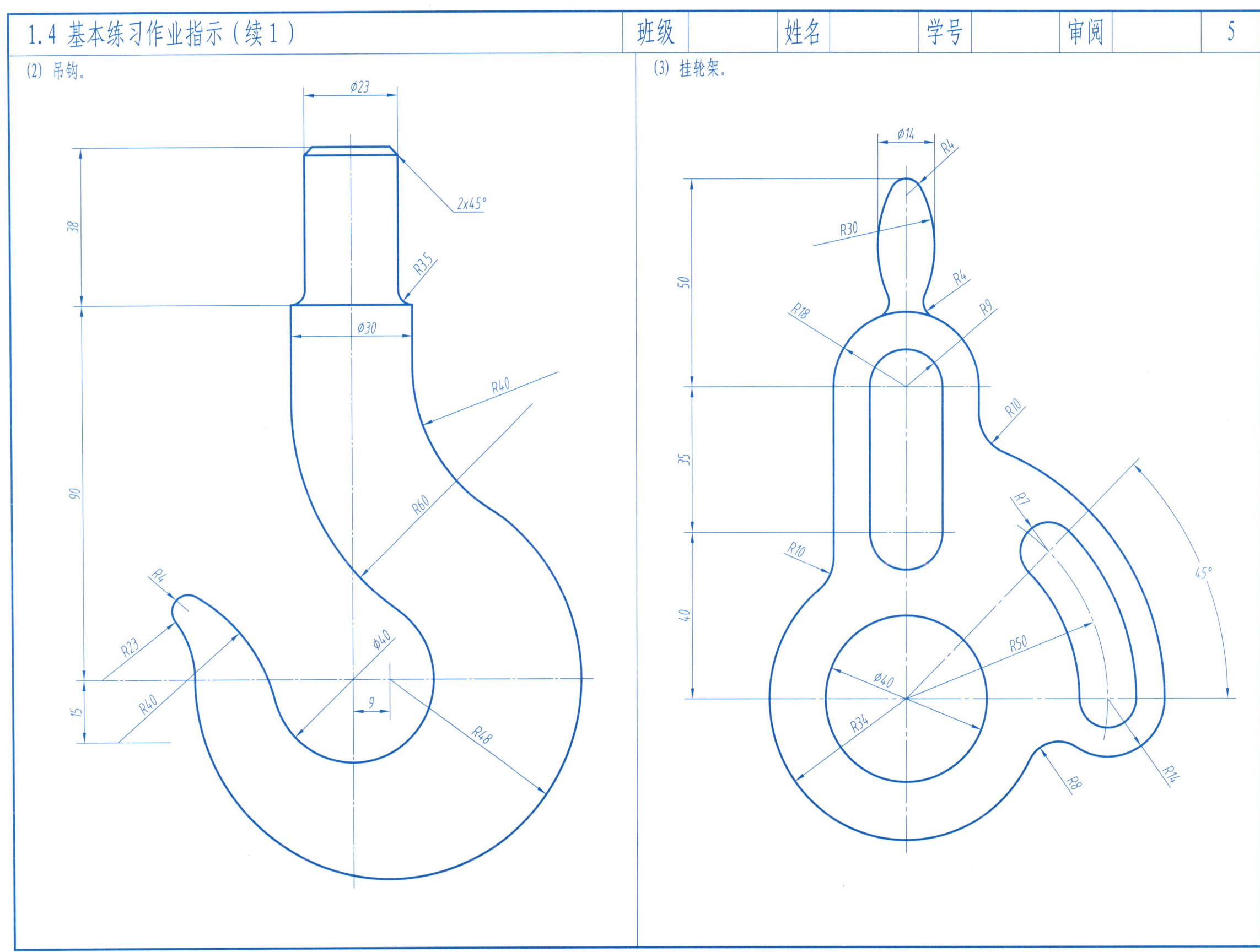

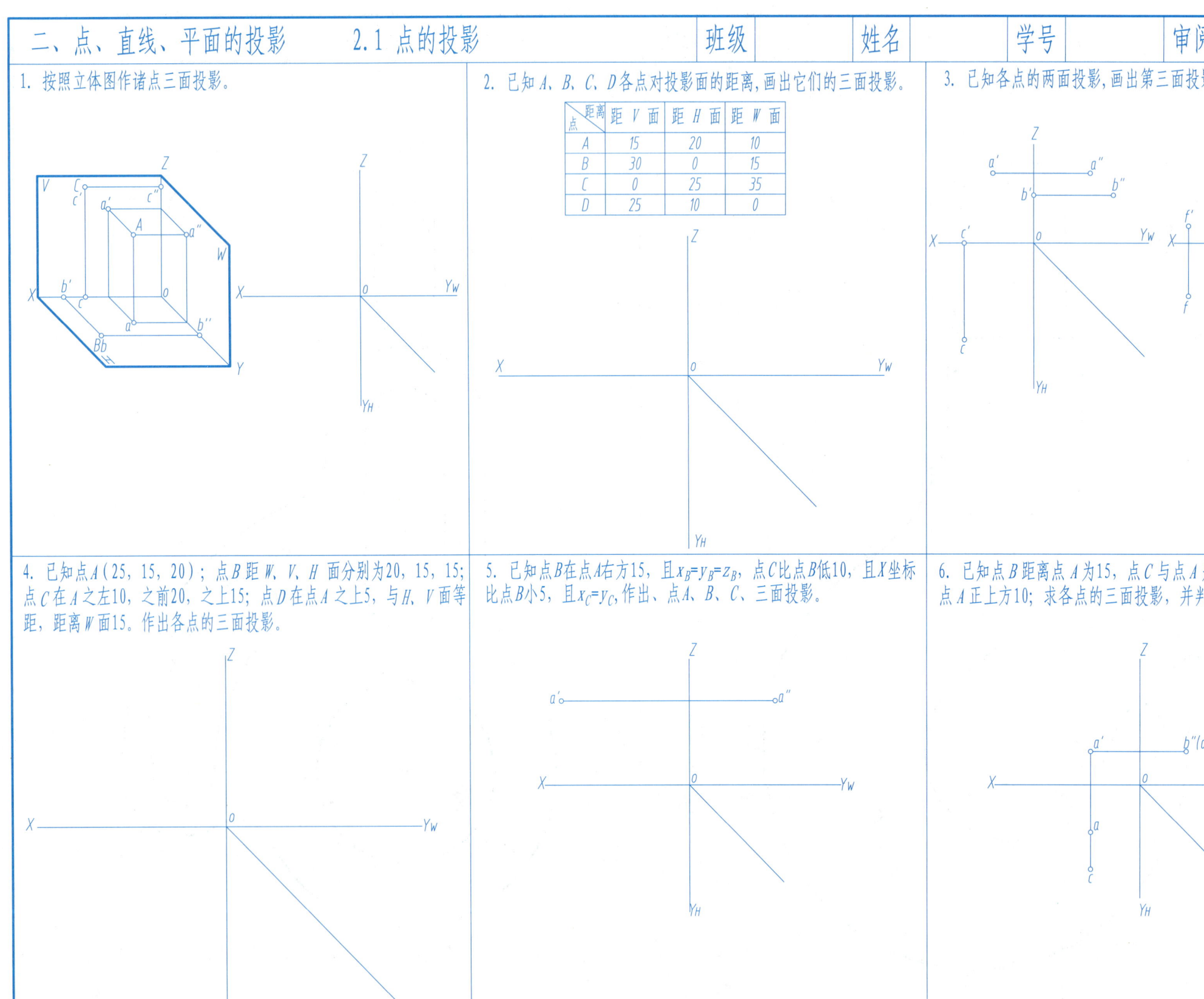

| 2.2 直线的投影 | 班级　　　姓名　　　学号　　　审阅　　　7 |

1. 补全直线第三投影并填写名称。

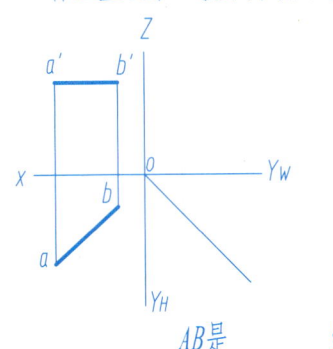
AB是_____线

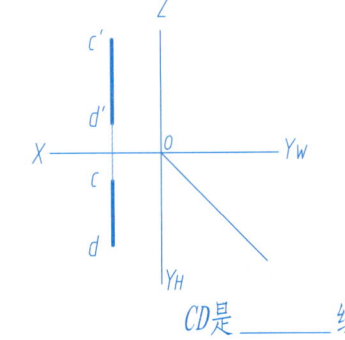
CD是_____线

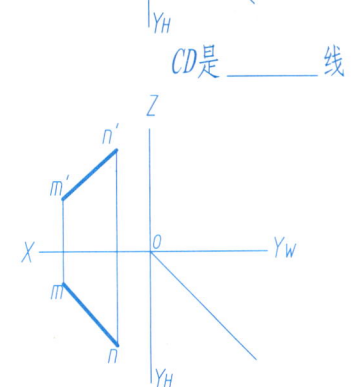
EF是_____线　　MN是_____线

2. 求作直线的三面投影。

(1) 直线AB为水平线，长15，且点B在点A右前方，β=30°。

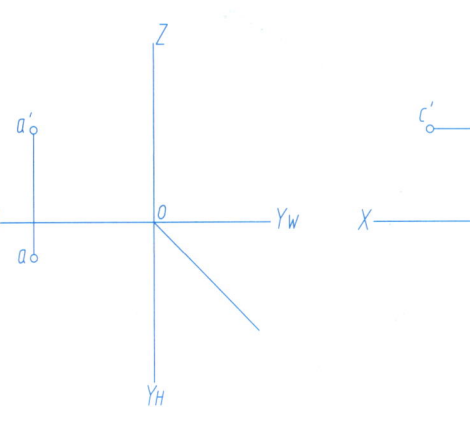

(2) 直线CD为正垂线，长15，且点D在点C之后。

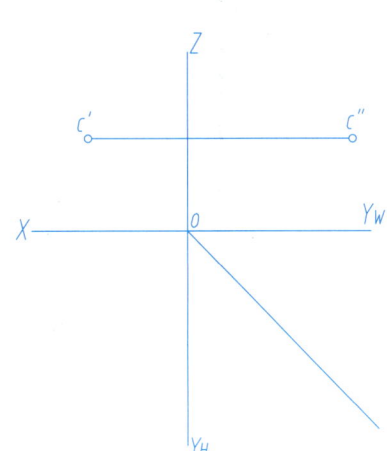

3. 判断并填写两直线的相对位置。

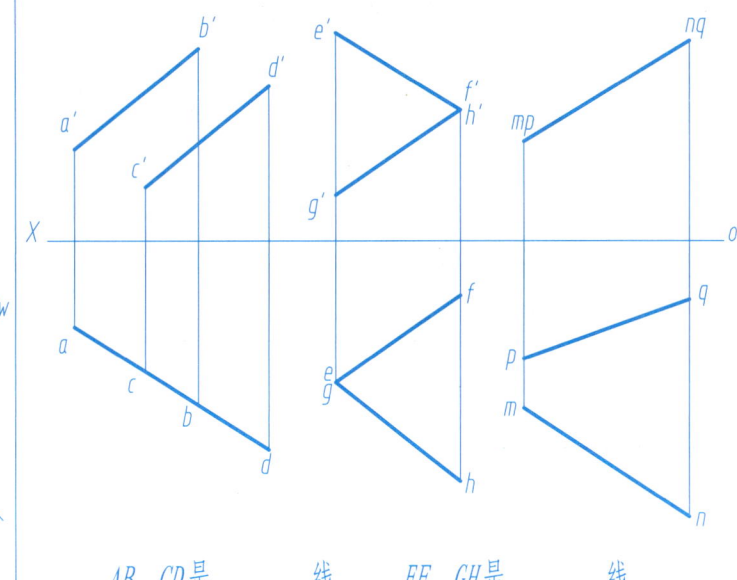

AB、CD是_____线　　EF、GH是_____线

MN、PQ是_____线

4. 在AB、CD上作对正面投影的重影点E、F和对侧面投影的重影点M、N的三面投影，并判别可见性。

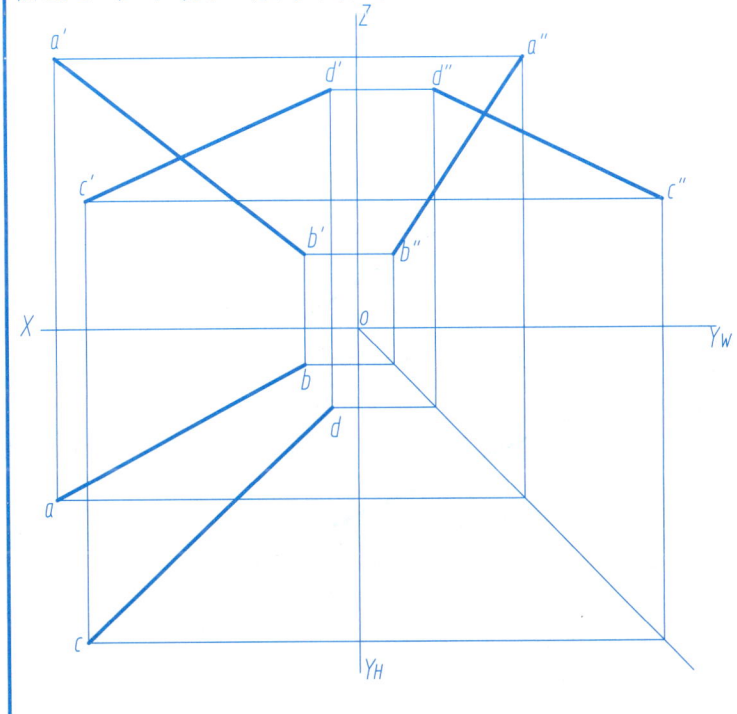

5. 已知KL和MN两直线相交，画出直线MN的另一个投影，并标出交点Q的投影。

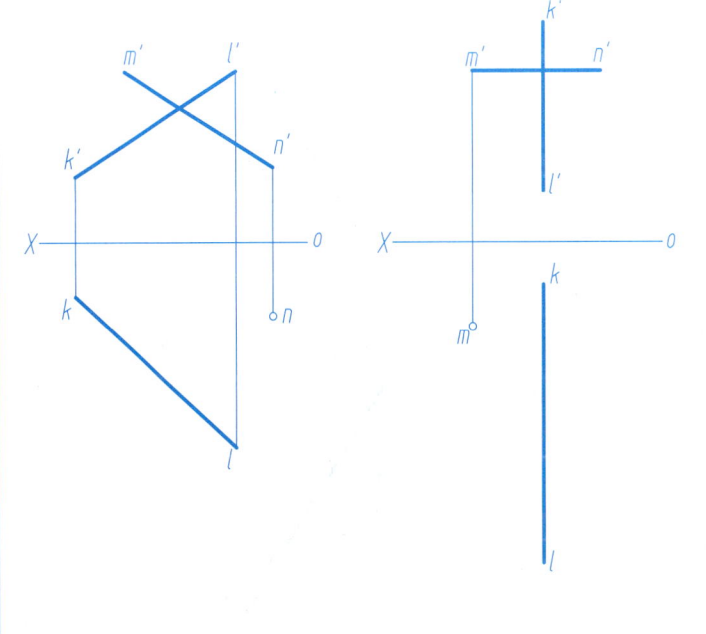

6. 在线段AB上找一点C，使点C与H、V面的距离之比为1：2，作出点C的投影。

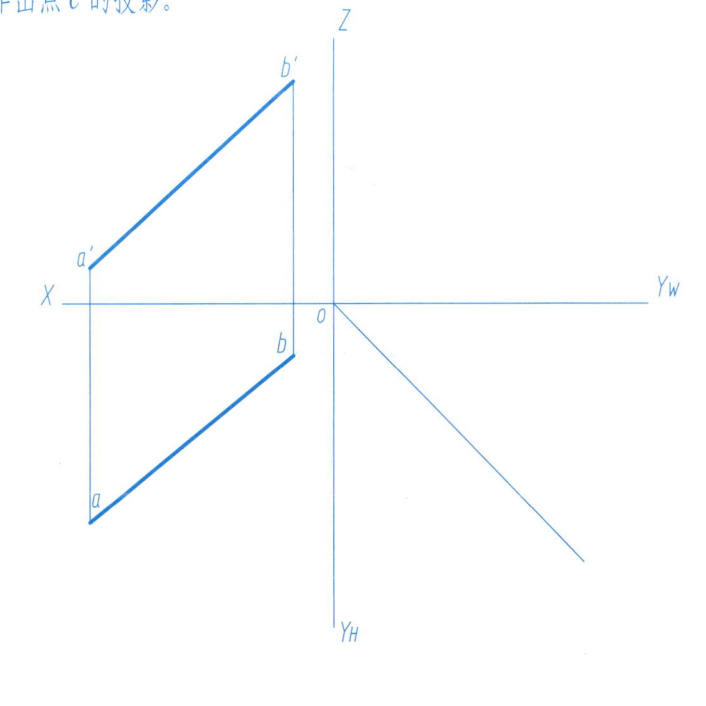

2.2 直线的投影（续1）

7. 已知直线 AB、CD 的两面投影，求作与 AB、CD 平行并相距各为15，且其右端点距 W 面10，长20的直线 MN 的三面投影。

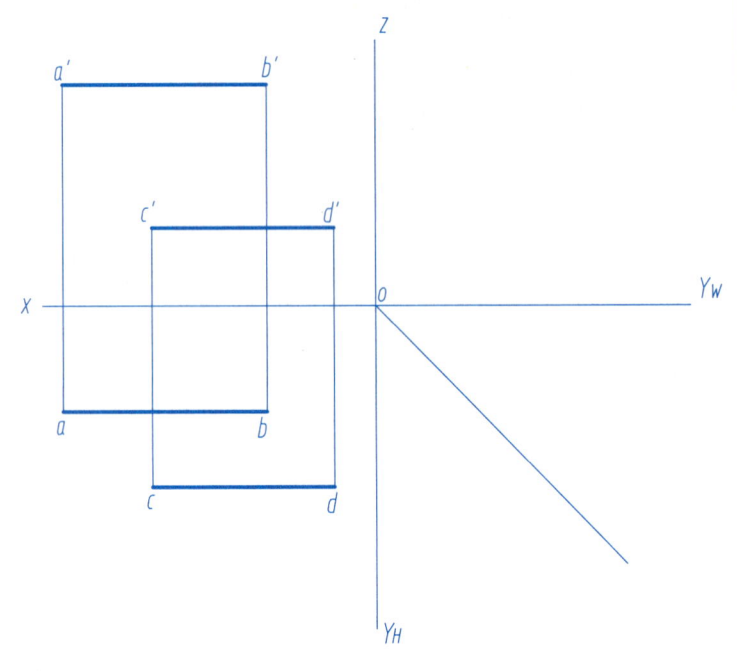

8. 作一直线 MN，使它与直线 AB 及 CD 均相交，且平行 OX 轴。

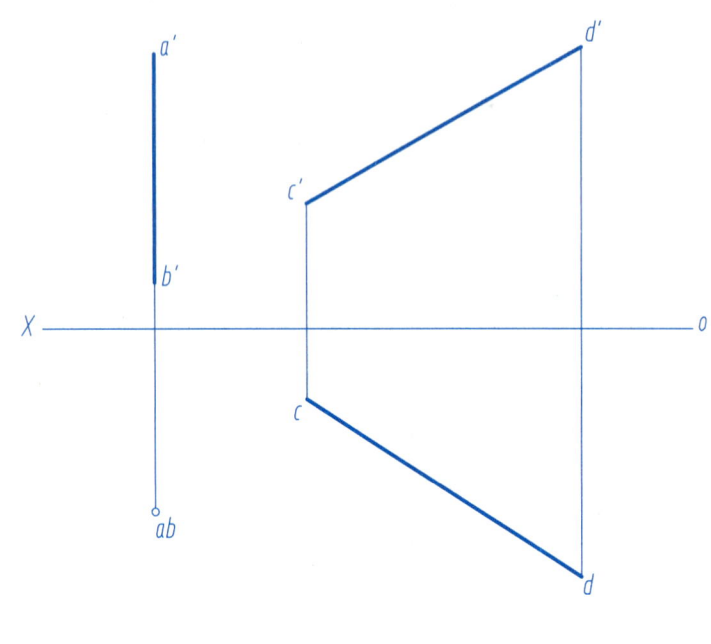

9. 作一直线 MN，使 MN∥AB，且与直线 CD、EF 相交。

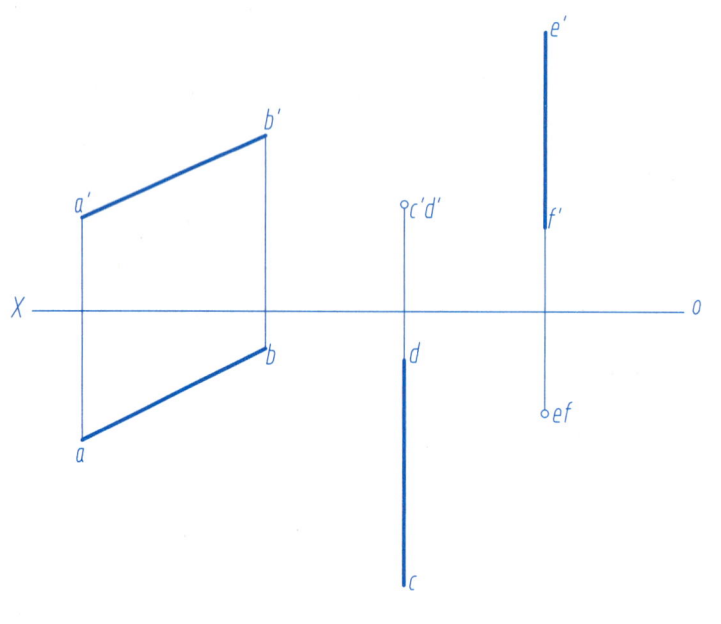

10. 过点 K 作直线 KF 与直线 CD 正交。

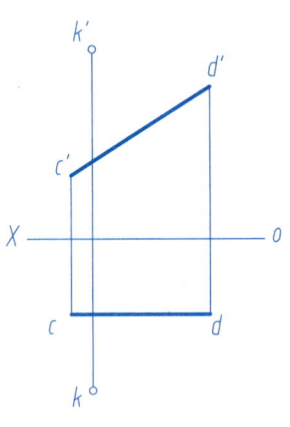

11. 作交叉两直线 AB、CD 的公垂线 EF 分别与 AB、CD 交于 E、F，并表明 AB、CD 间的真实距离。

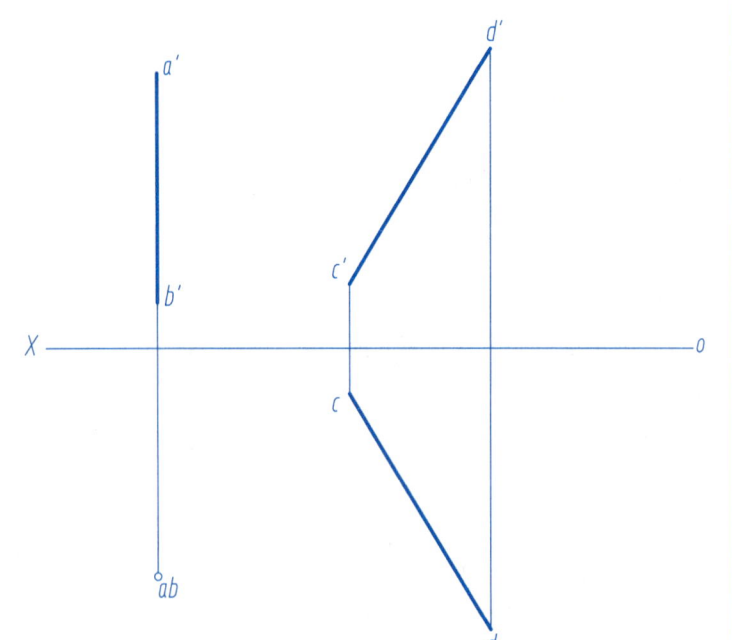

12. 用直角三角形法求直线 AB 的实长及其对 H 面、V 面的倾角 α、β。

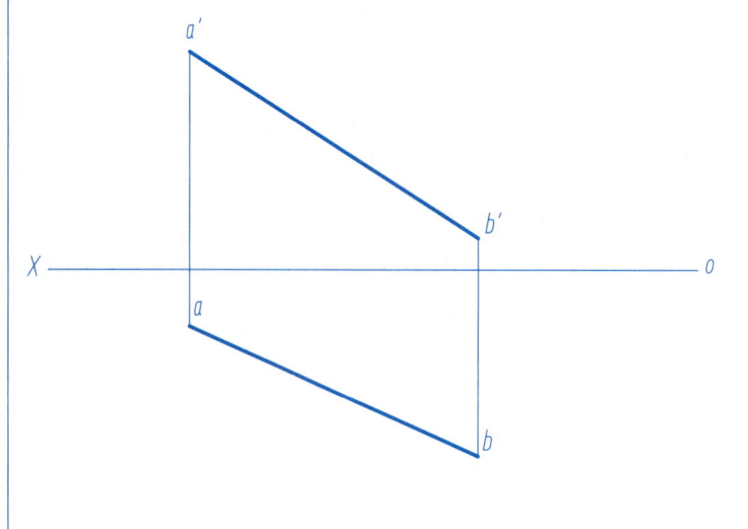

2.3 平面的投影

1. 补全各平面的三面投影。

   (1) 铅垂面 β=30°。
   (2) 正平面。
   (3) 侧垂面 α=60°。
   (4) 正垂面 α=45°。

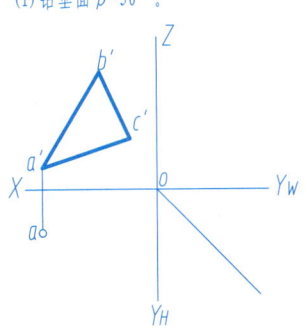
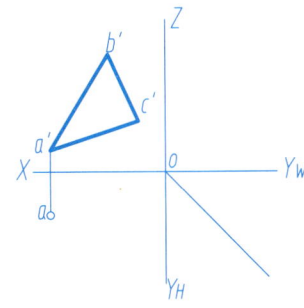
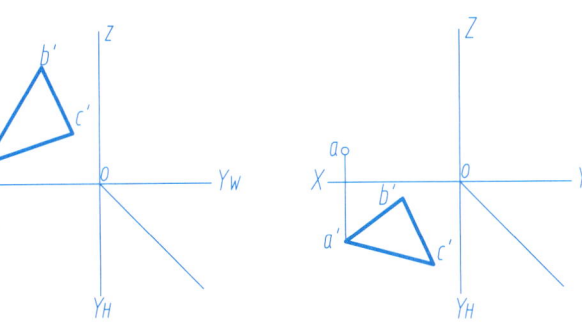

2. 判断点 M、L 是否在平面 ABC 上。填写"在"或"不在"。

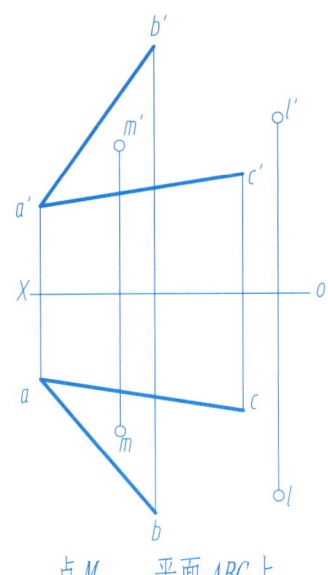

点 M _____ 平面 ABC 上。
点 L _____ 平面 ABC 上。

3. 在三角形 ABC 上找一点 D，使它的 Y 坐标为25，Z 坐标为15。

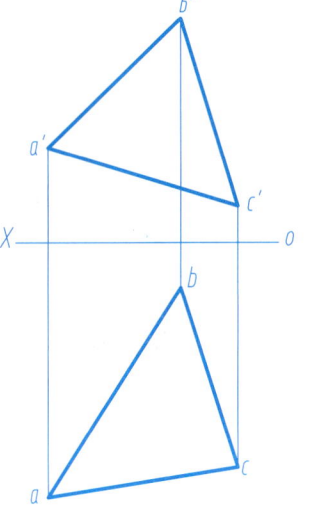

4. 已知平面 ABCD 的对角线 BD 为一正平线，完成其水平投影。

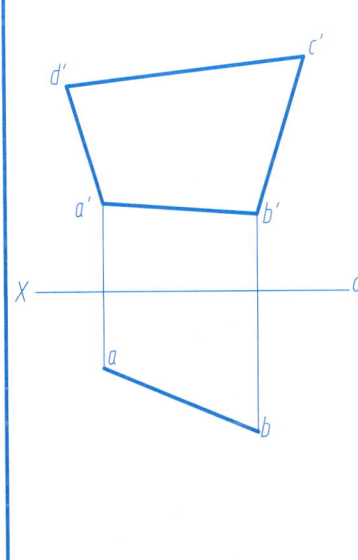

5. 画出 ABCDE 五边形的两投影。

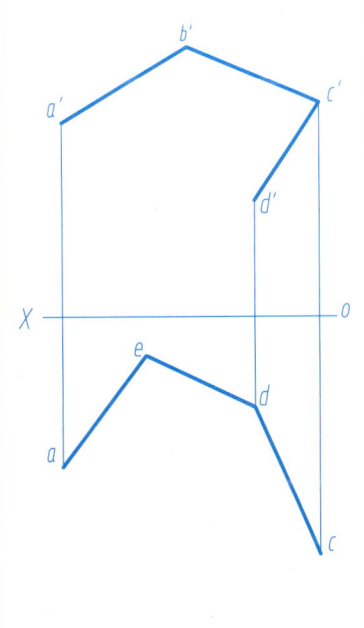

6. 已知圆心位于点 A，φ30 的圆为侧平面，作出圆的三面投影。

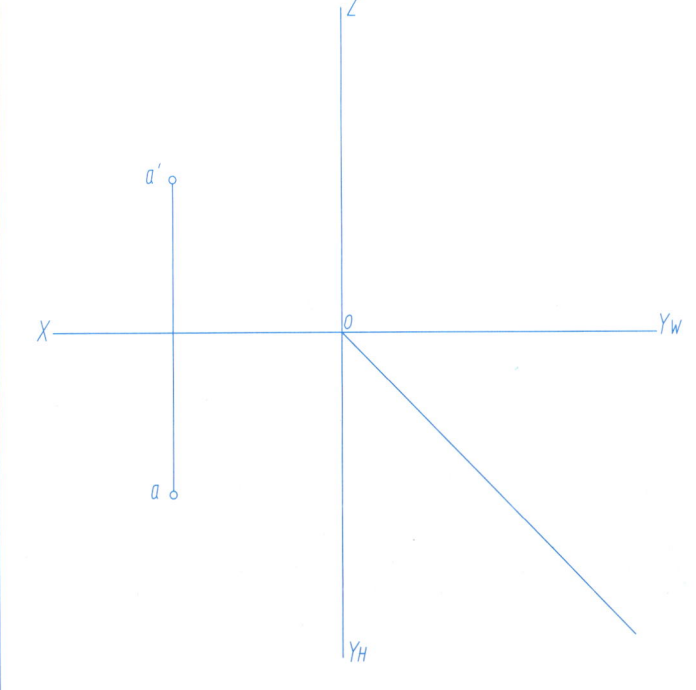

7. 已知正方形 ABCD 的 AB 边、CD 边比 AB 边低20，作出正方形两面投影。

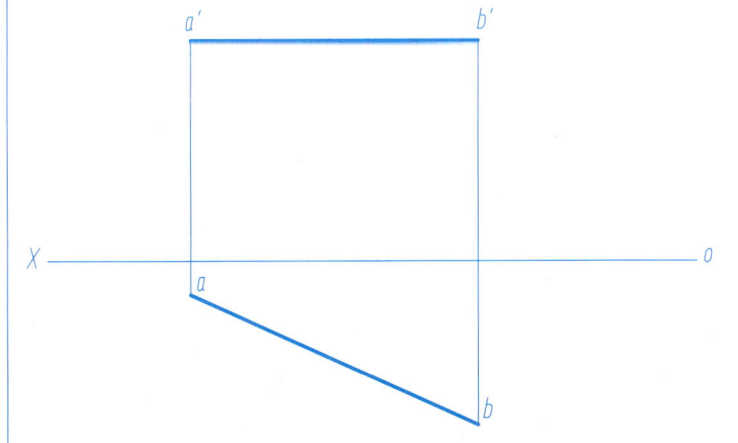

2.4 直线与平面以及两平面的相对位置

| 班级 | 姓名 | 学号 | 审阅 | 10 |

1. 过已知点 D 作直线 DE 平行三角形 ABC。

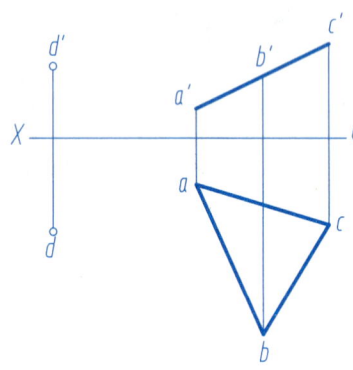

2. 已知 △ABC 平行 △DEF，完成 △DEF 的正面投影。

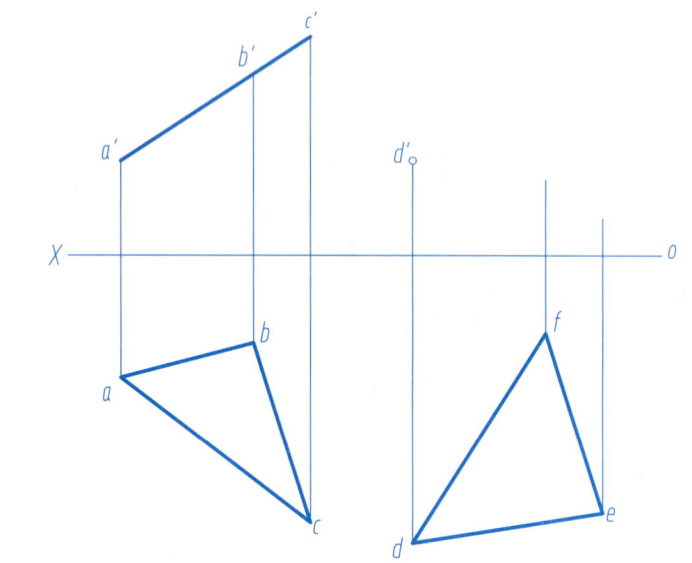

3. 判断下列各图中的直线与平面是否平行。

(1)　　　　　　　(2)

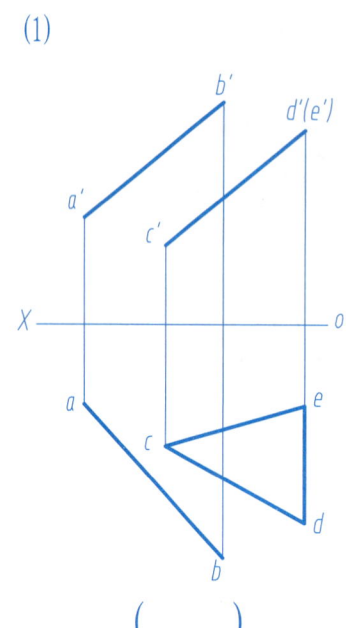 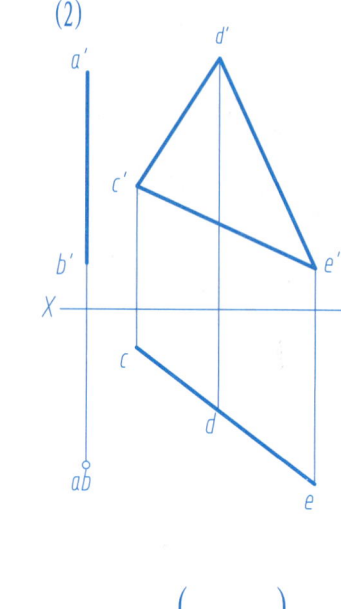

(　)　　　　　　(　)

4. 求直线 EF 与 △ABC 的交点 K，并判别可见性。

5. 求直线 MN 与 △ABC 的交点 K，并判别可见性。

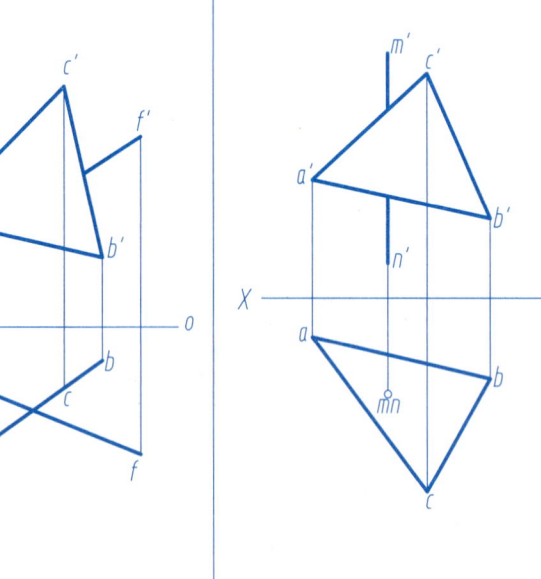

6. 作出 △ABC 和 △DEF 的交线 MN，并判别可见性。

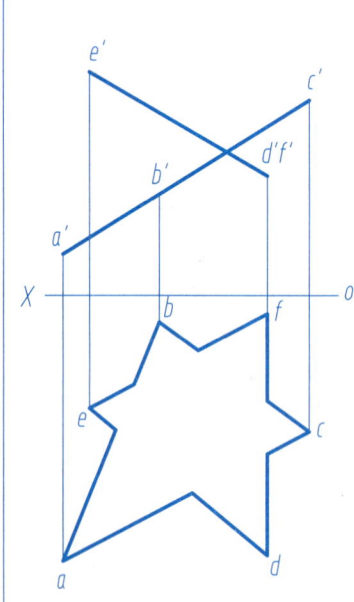

7. 作出 △ABC 和 △DEF 的交线 MN，并判别可见性。

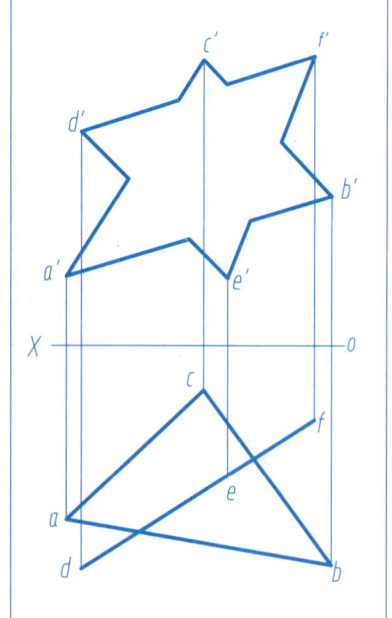

8. 作出 △ABC 和 ▱DEFG 的交线 MN，并判别可见性。

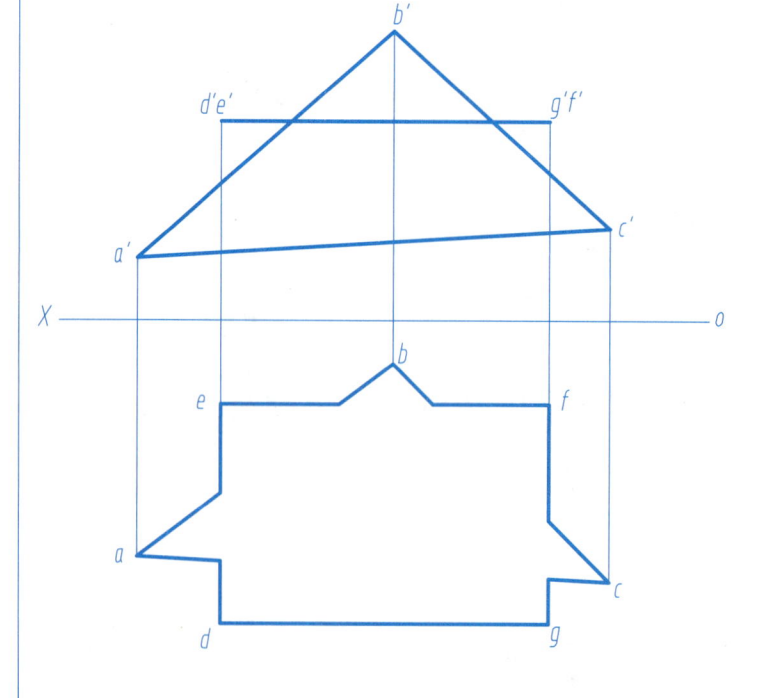

2.4 直线与平面以及两平面的相对位置（续1）

9. 画出△ABC和▱DEFG的交线MN，并判别可见性。

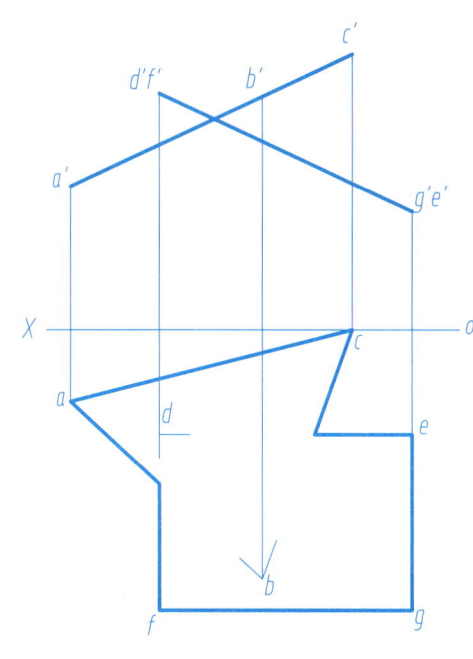

10. 画出△ABC和▱DEFG的交线MN，并判别可见性。

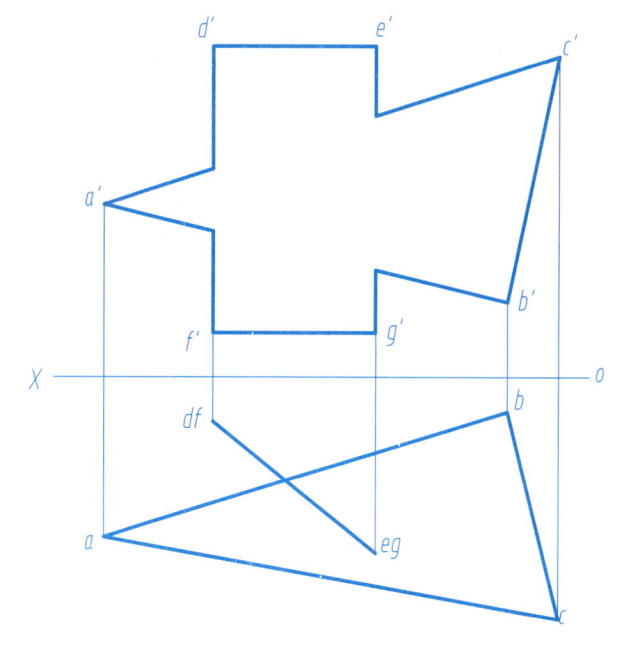

11. 画水平面P、平面ABCD、平面EFG的公有点。

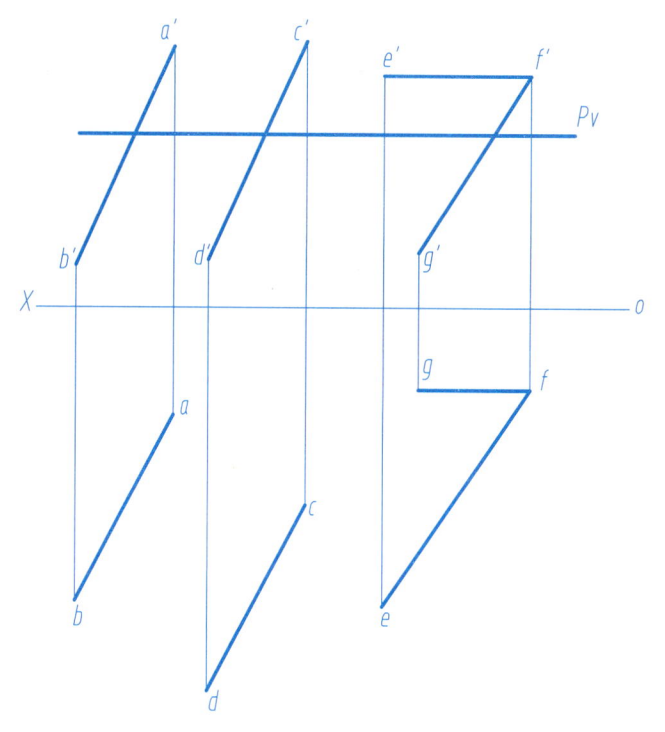

12. 由点A作△BCD的垂线，AK为垂线，K为垂足，并标出点K到△BCD的真实距离。由点A作平面P平行△BCD；由点A作铅垂面⊥△BCD；平面P、Q用迹线表示。

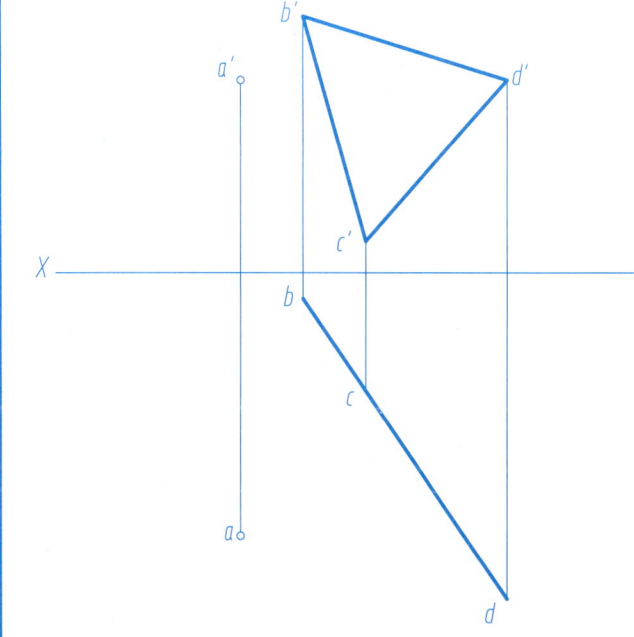

13. 根据下列直线与平面或平面与平面的相对位置，分别在下面的括号内填写"平行""垂直""倾斜"。

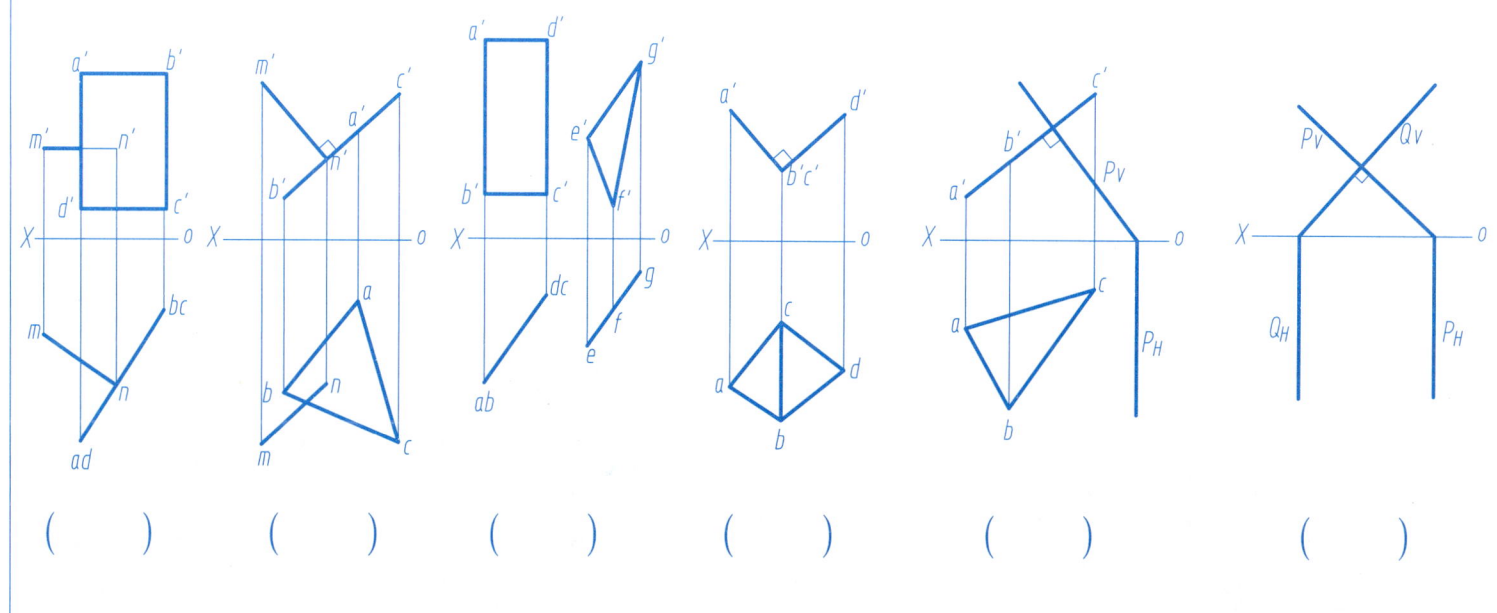

(　　) 　(　　) 　(　　) 　(　　) 　(　　) 　(　　)

| 三、立体的投影 | 3.1 平面立体的投影及其表面上的点和线 | 班级 | 姓名 | 学号 | 审阅 | 12 |

1. 作出四棱柱的侧面投影，并补全四棱柱表面上诸点的三面投影。

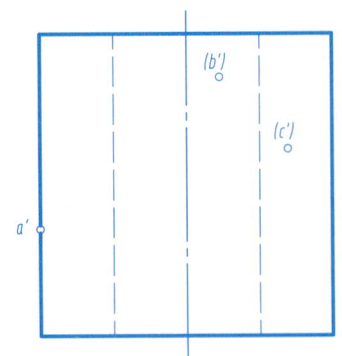

2. 作出六棱柱的正面投影，并作出表面上的折线 ABCD 的侧面投影和正面投影。

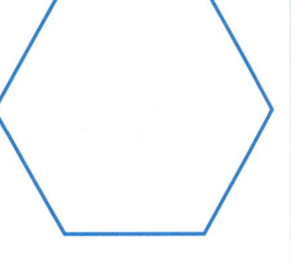

3. 作出四棱台侧面投影，并作出表面上折线 ABC 的侧面投影和水平投影。

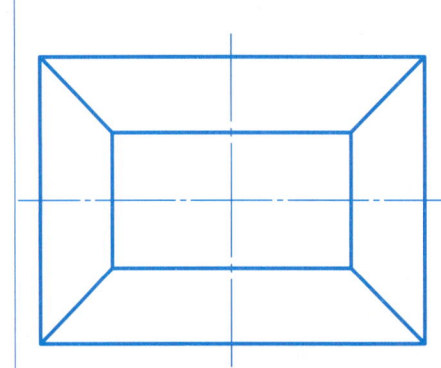

4. 作出正六棱台的侧面投影，并作出表面上的折线 ABCD 的正面投影和侧面投影。

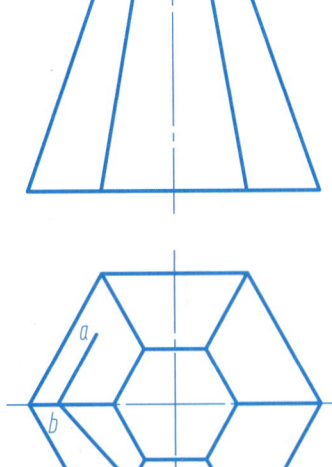

5. 作出三棱锥的侧面投影，并作出表面上的折线 ABCD 的正面投影和侧面投影。

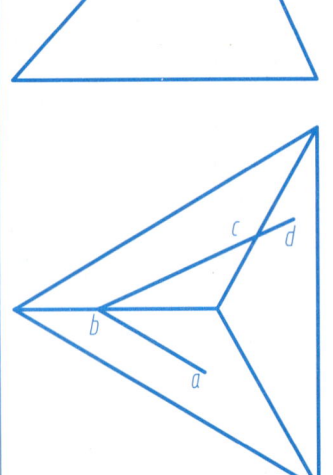

6. 根据立体正面投影和侧面投影，完成水平投影，并已知表面折线起点 A 的侧面投影和终点 F 的正面投影，折线的水平投影为一直线，作出折线的三面投影。

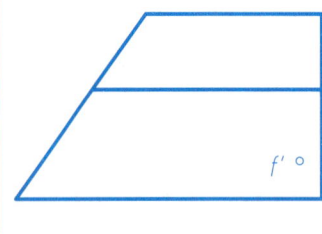
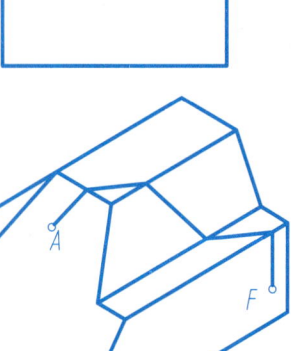

3.2 曲面立体的投影及其表面上的点和线

1. 作出圆柱的正面投影，并作出圆柱面上的素线 AB，曲线 BC，圆弧 CD 的侧面投影和正面投影。

2. 作出圆台的水平投影，并完成圆台表面上的点 A、B、C 的三面投影。

3. 作半个圆锥的水平投影，并作出圆锥面上的素线 SA，圆弧 AB 和曲线 BC 的水平投影和侧面投影。

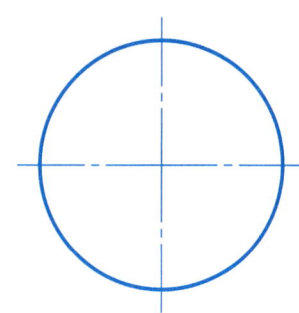
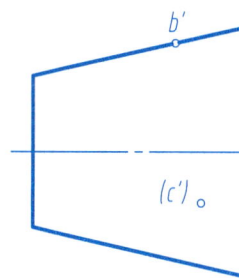
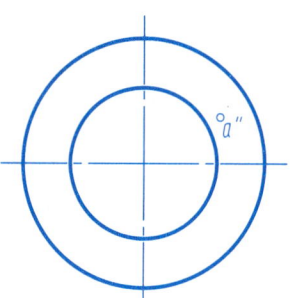
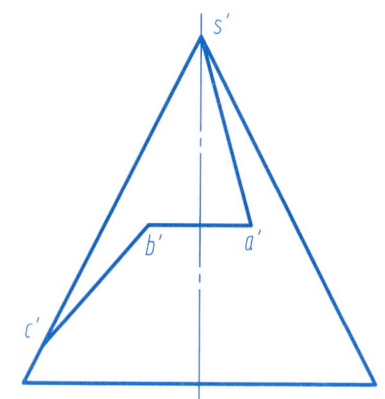
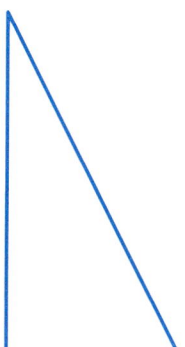

4. 补画圆球的水平投影及其表面上点的其余投影。

5. 补全圆环表面上点 A、B、C 的两面投影。

6. 补全回转体的水平投影，作出回转面上点 A、B、C 的水平投影。

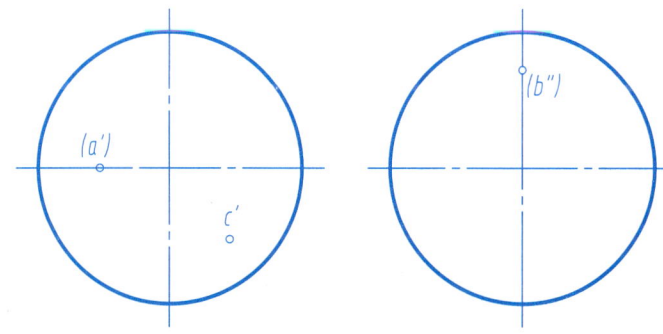
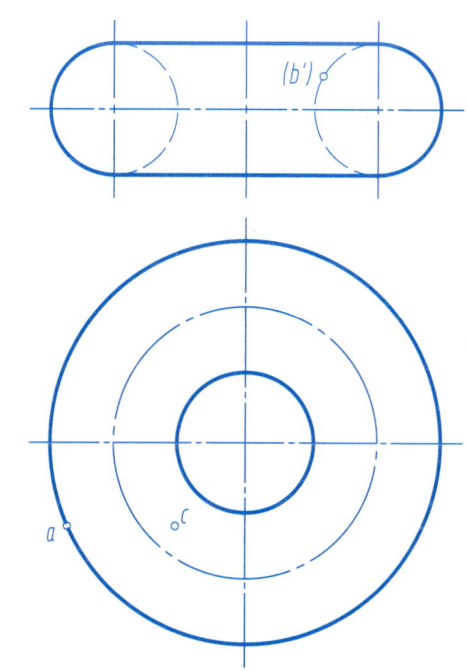
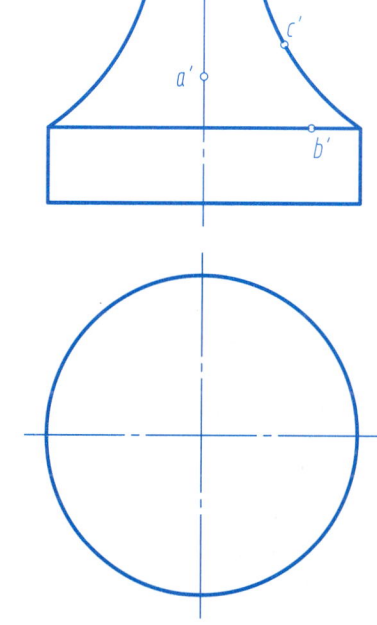

| 3.3 平面与平面立体相交 | 班级 | 姓名 | 学号 | 审阅 | 14 |

1. 作出正六棱柱被截切后的侧面投影。

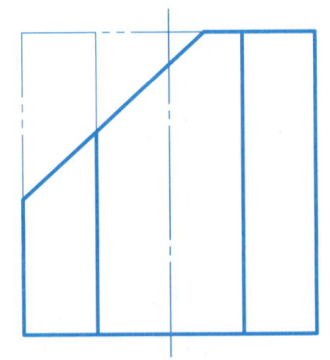

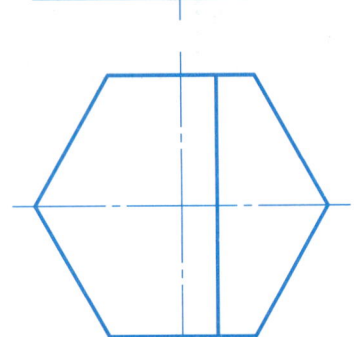

2. 作出具有侧垂通槽的四棱柱左端被截切后的水平投影。

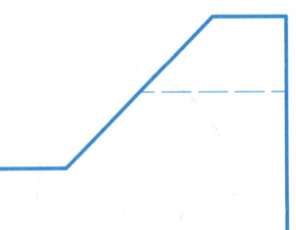
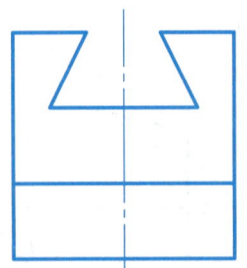

3. 作出带切口四棱柱的侧面投影。

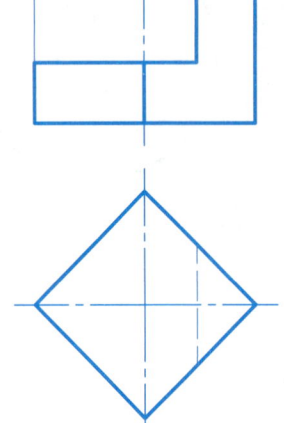

4. 完成穿孔四棱台的水平投影和侧面投影。

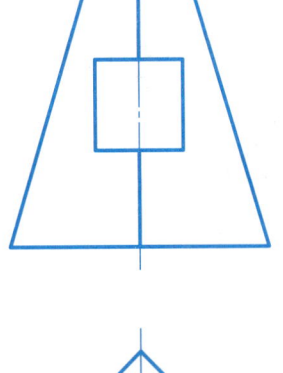
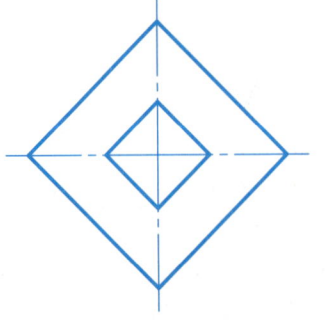

5. 作出具有正方形通孔的六棱柱被截切后的侧面投影。

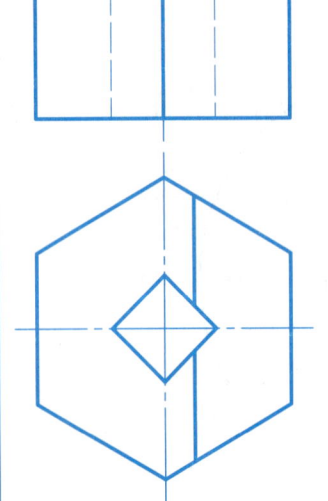

6. 补全具有正方形通孔的四棱台被截切后水平投影，并作出侧面投影。

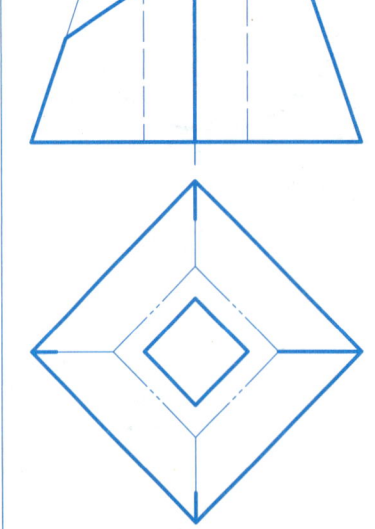

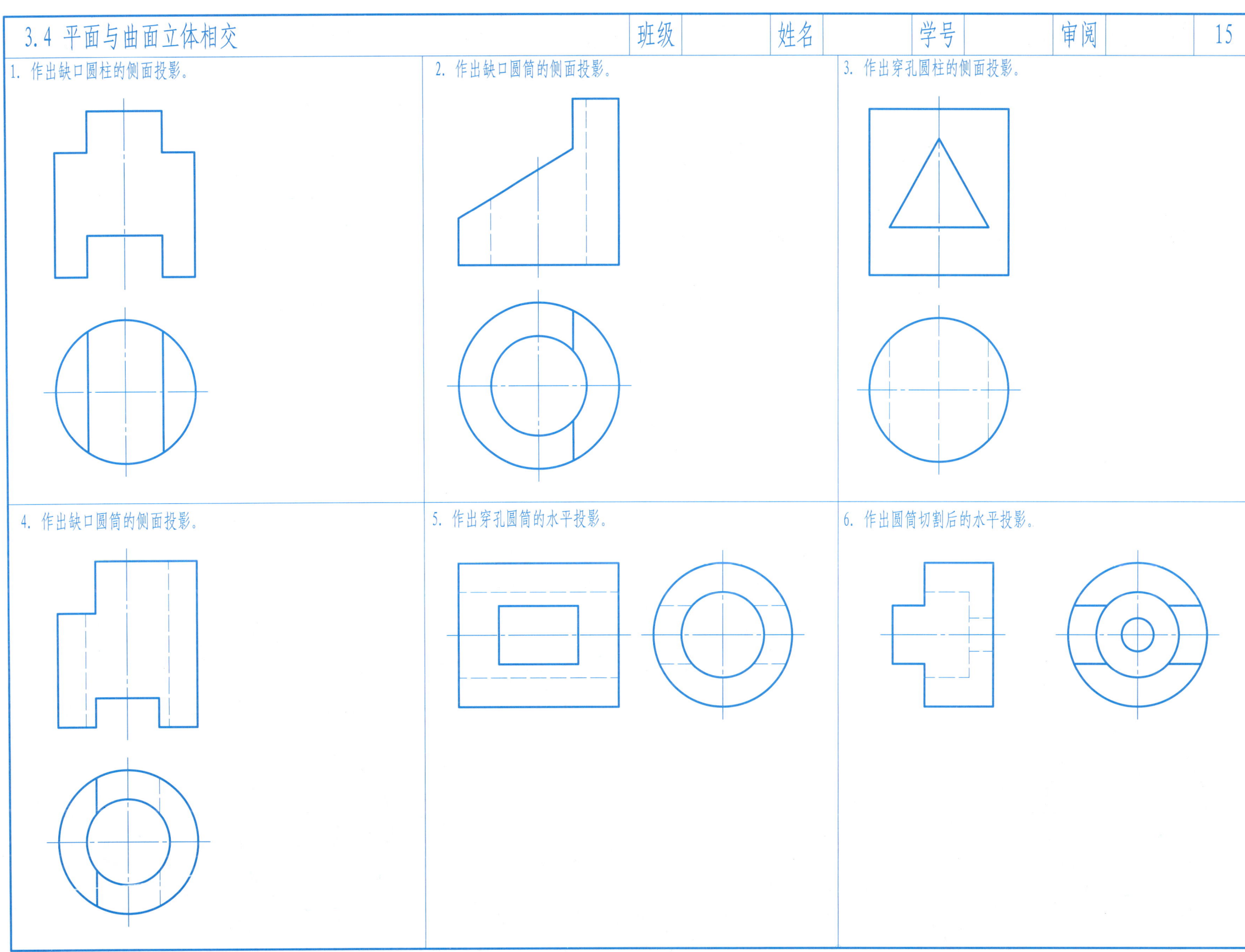

3.4 平面与曲面立体相交（续1）

7. 作出圆锥被切割后的水平投影，补全侧面投影。

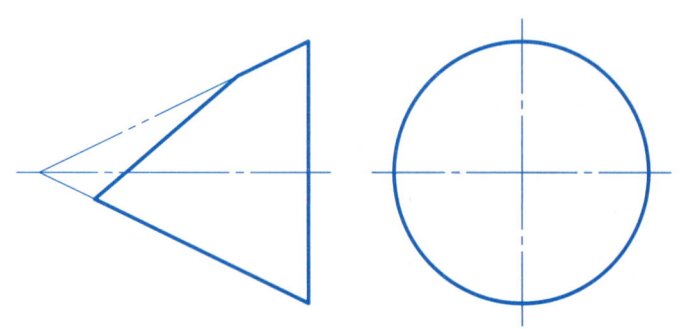

8. 作出缺口圆锥的侧面投影，补全水平投影。

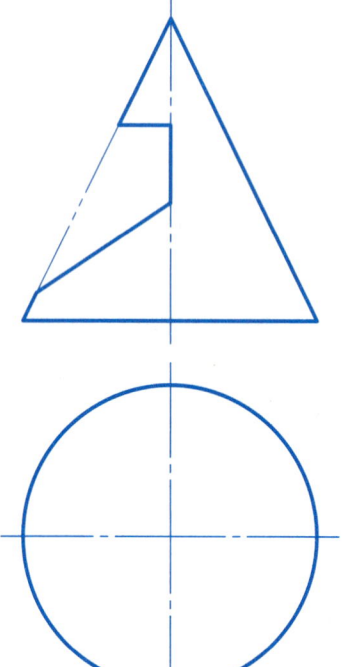

9. 补全穿孔圆台的水平投影，并作出侧面投影。

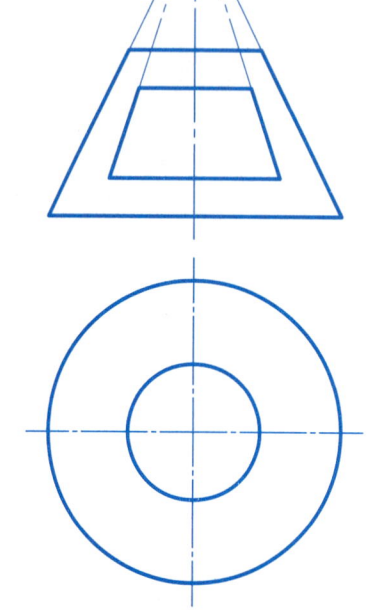

10. 补全具有缺口半球的水平投影，并作出侧面投影。

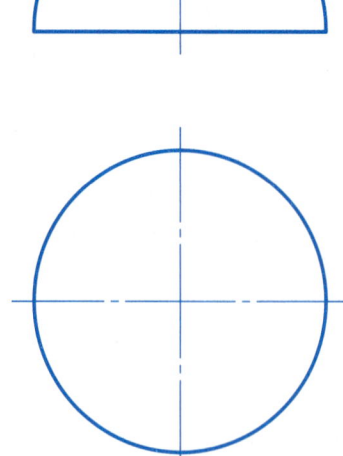

11. 作出顶尖的水平投影。

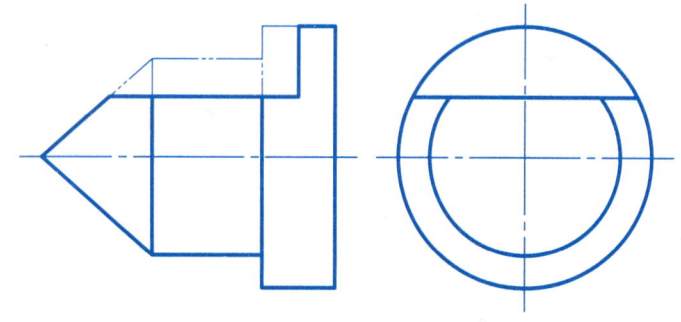

12. 补全曲面立体被切割后的正面投影与水平投影。

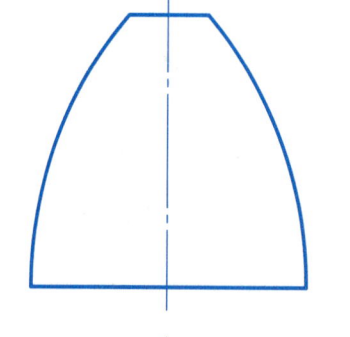 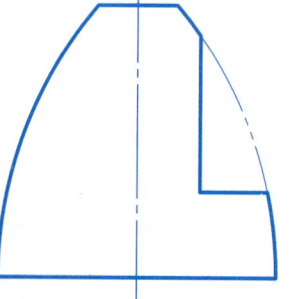

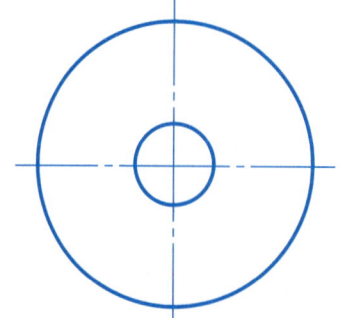

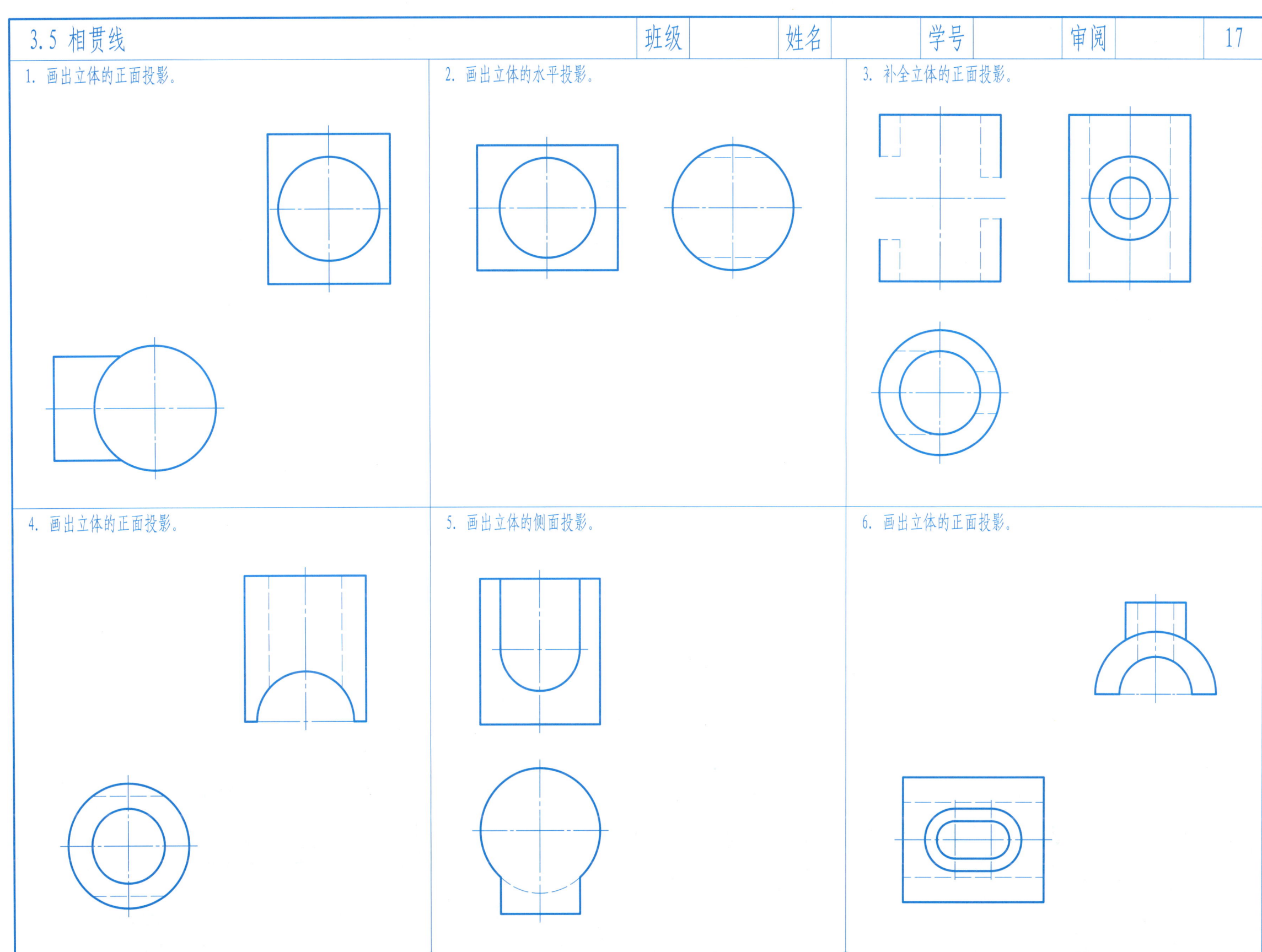

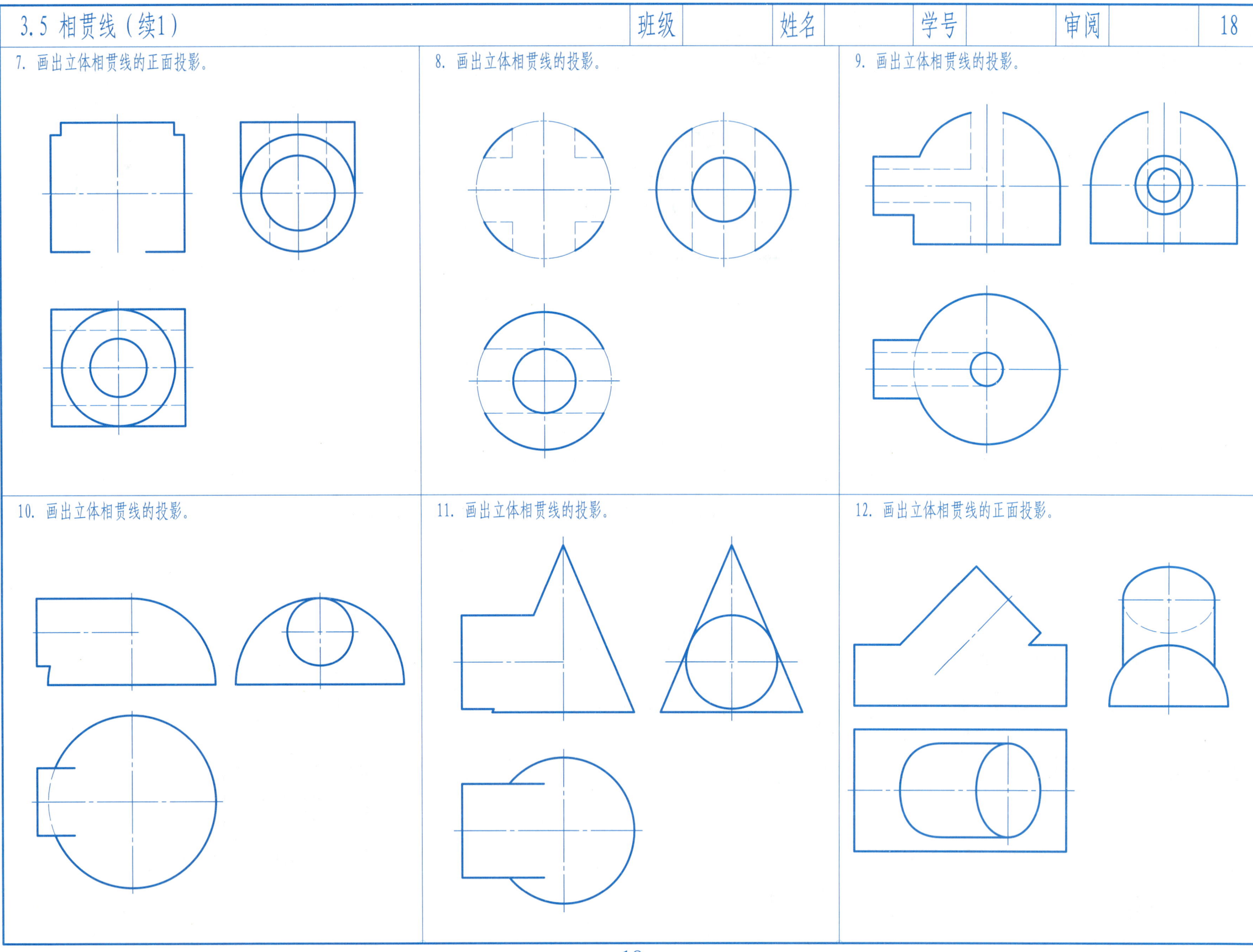

四、轴测图　　4.1 画出下列立体的正等测轴测图

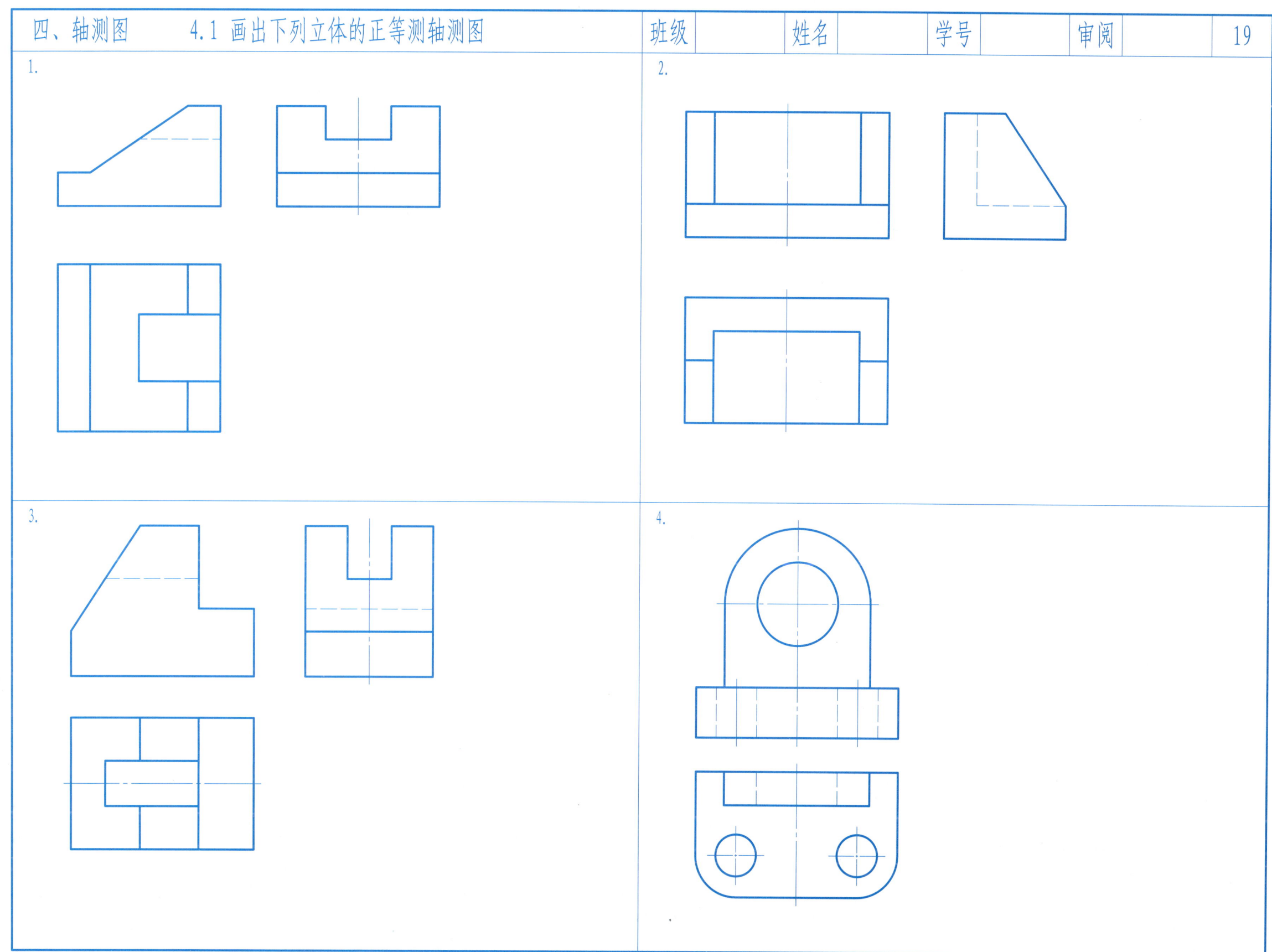

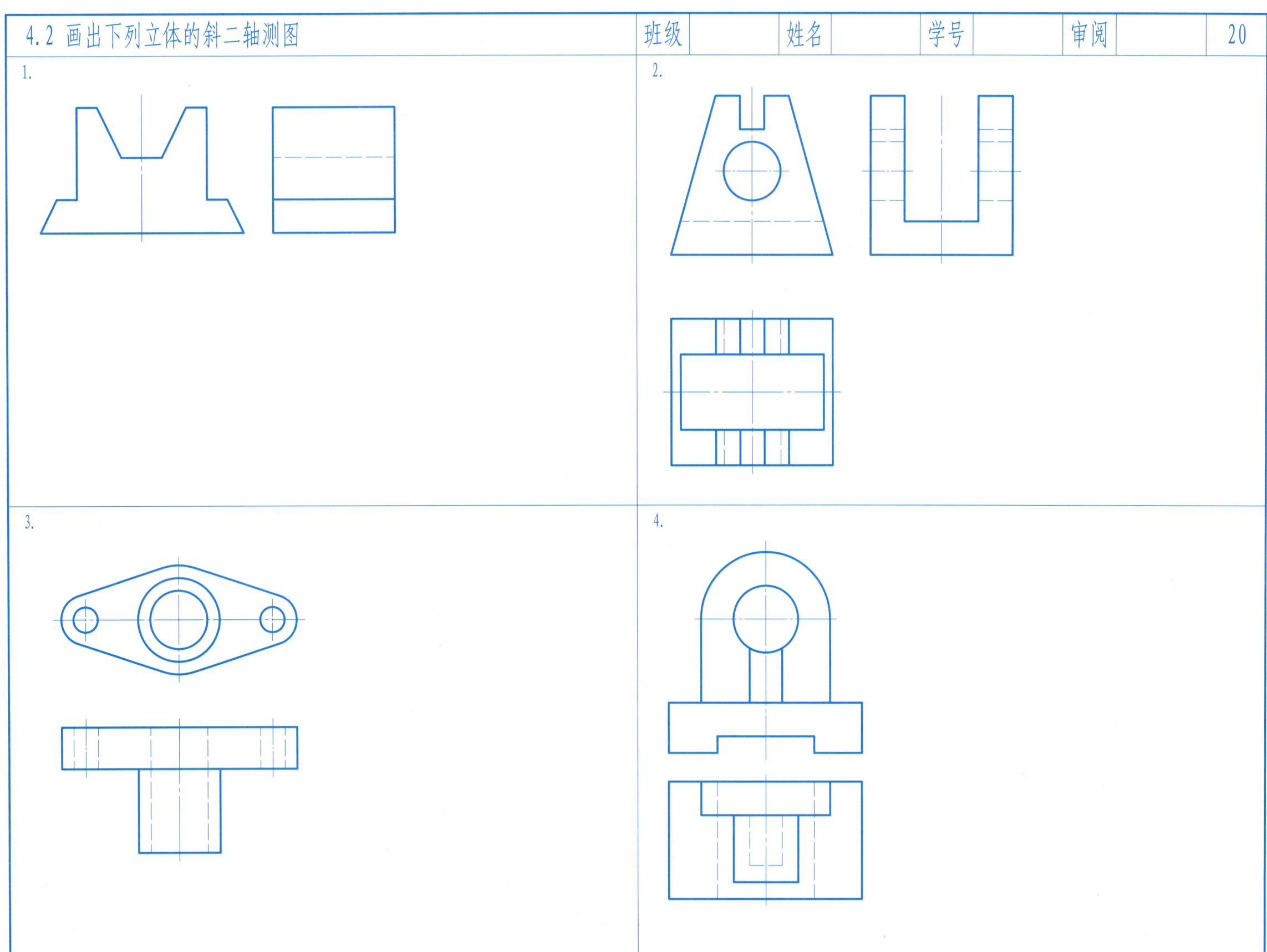

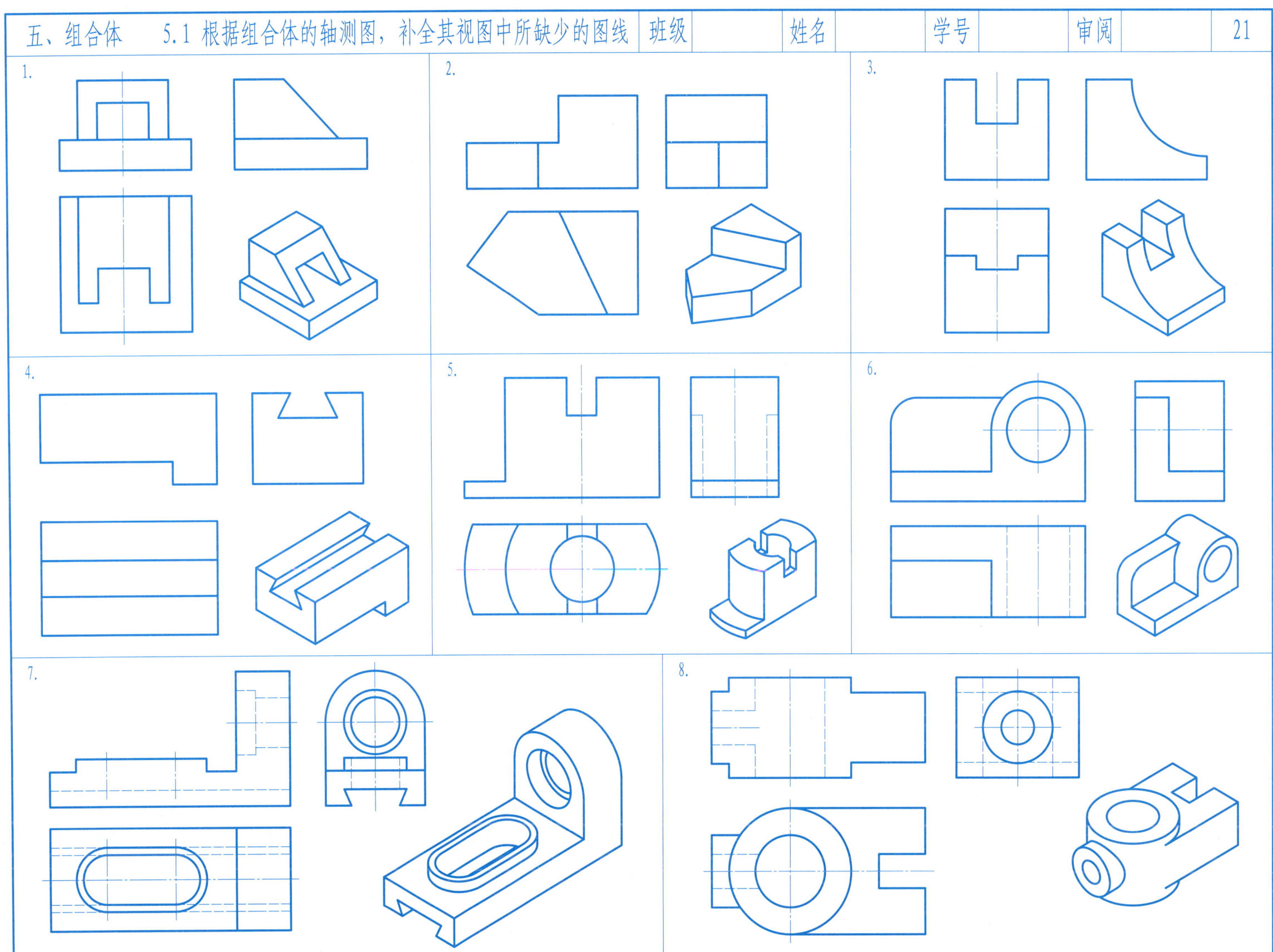

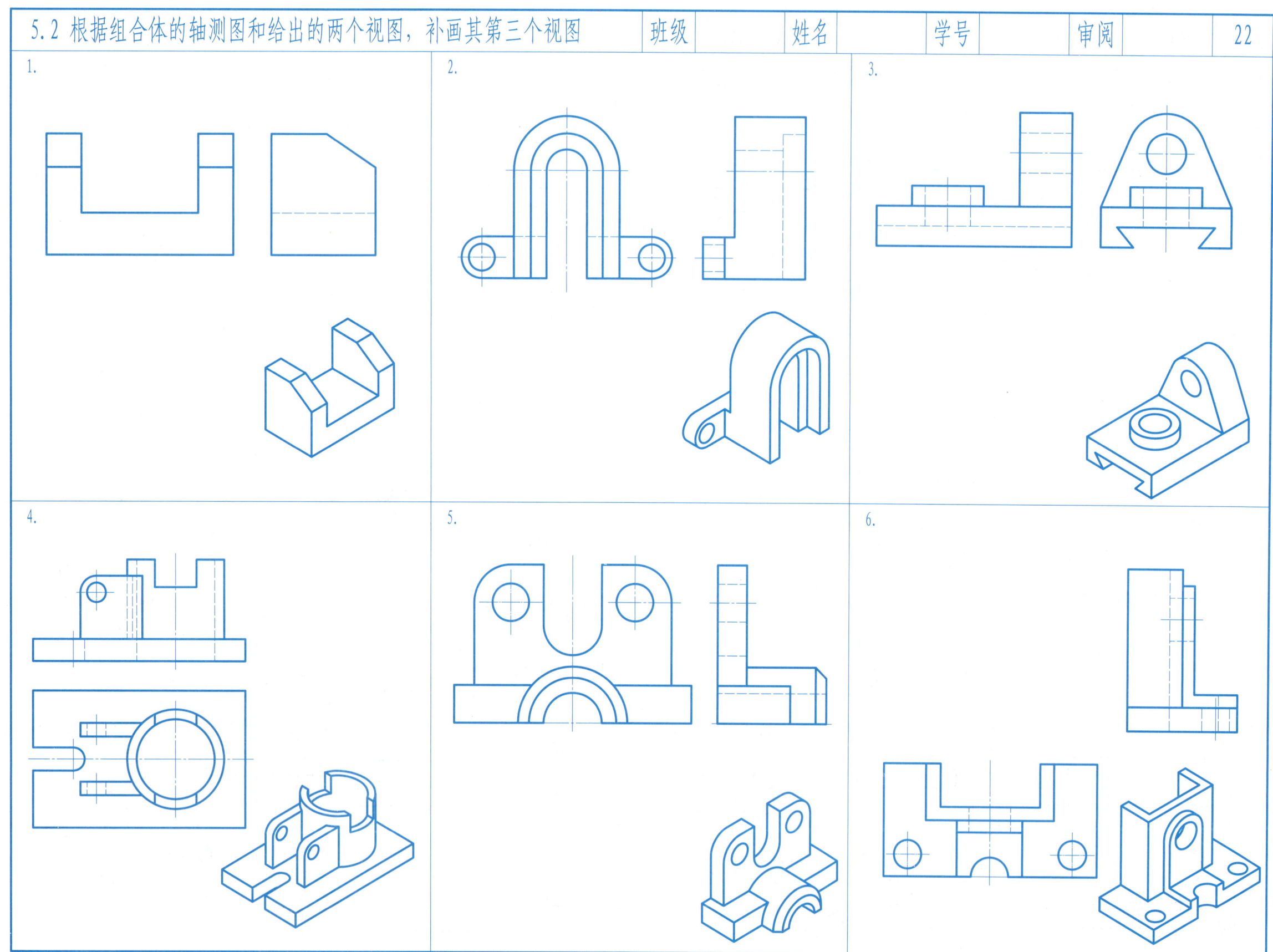

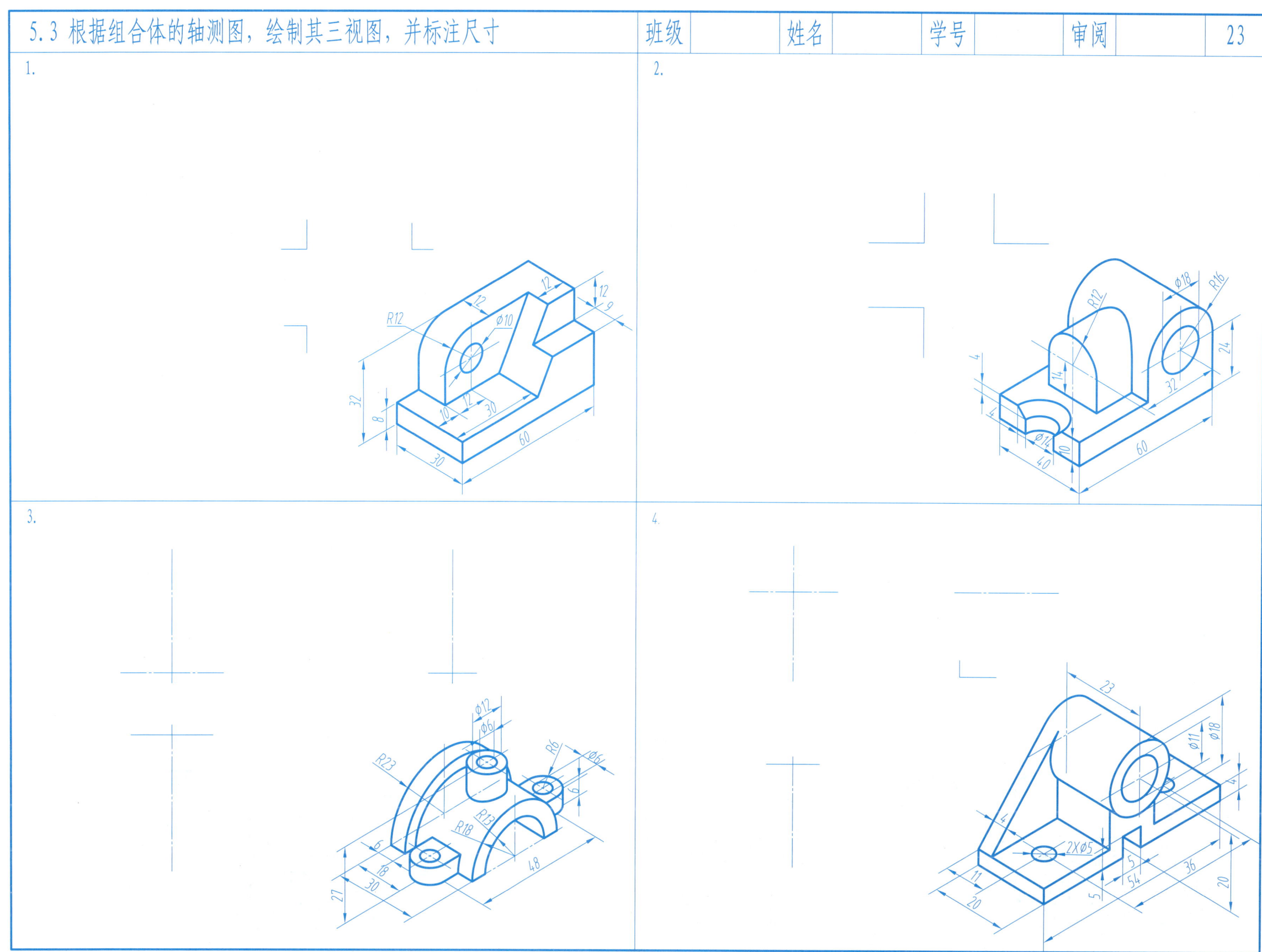

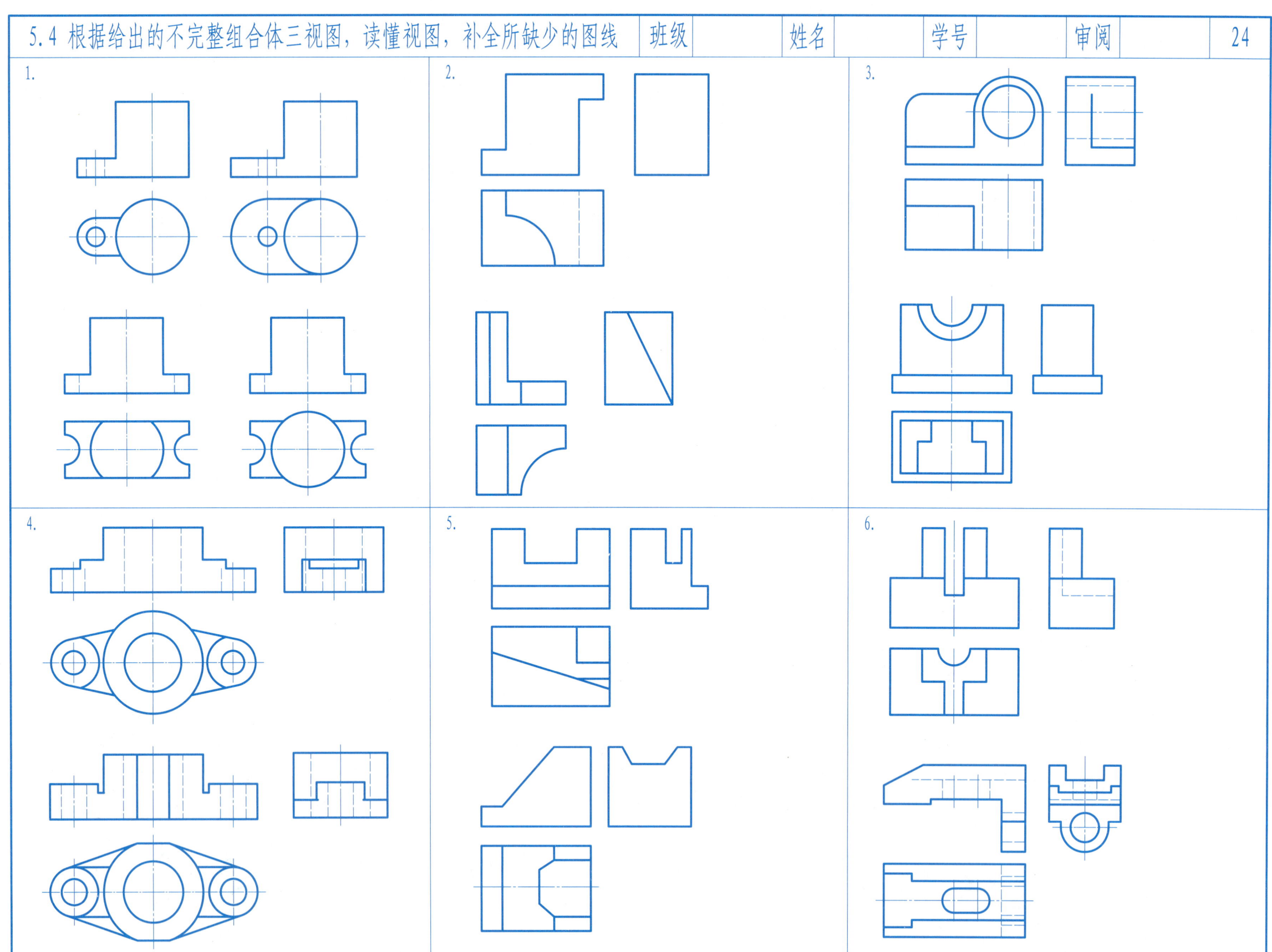

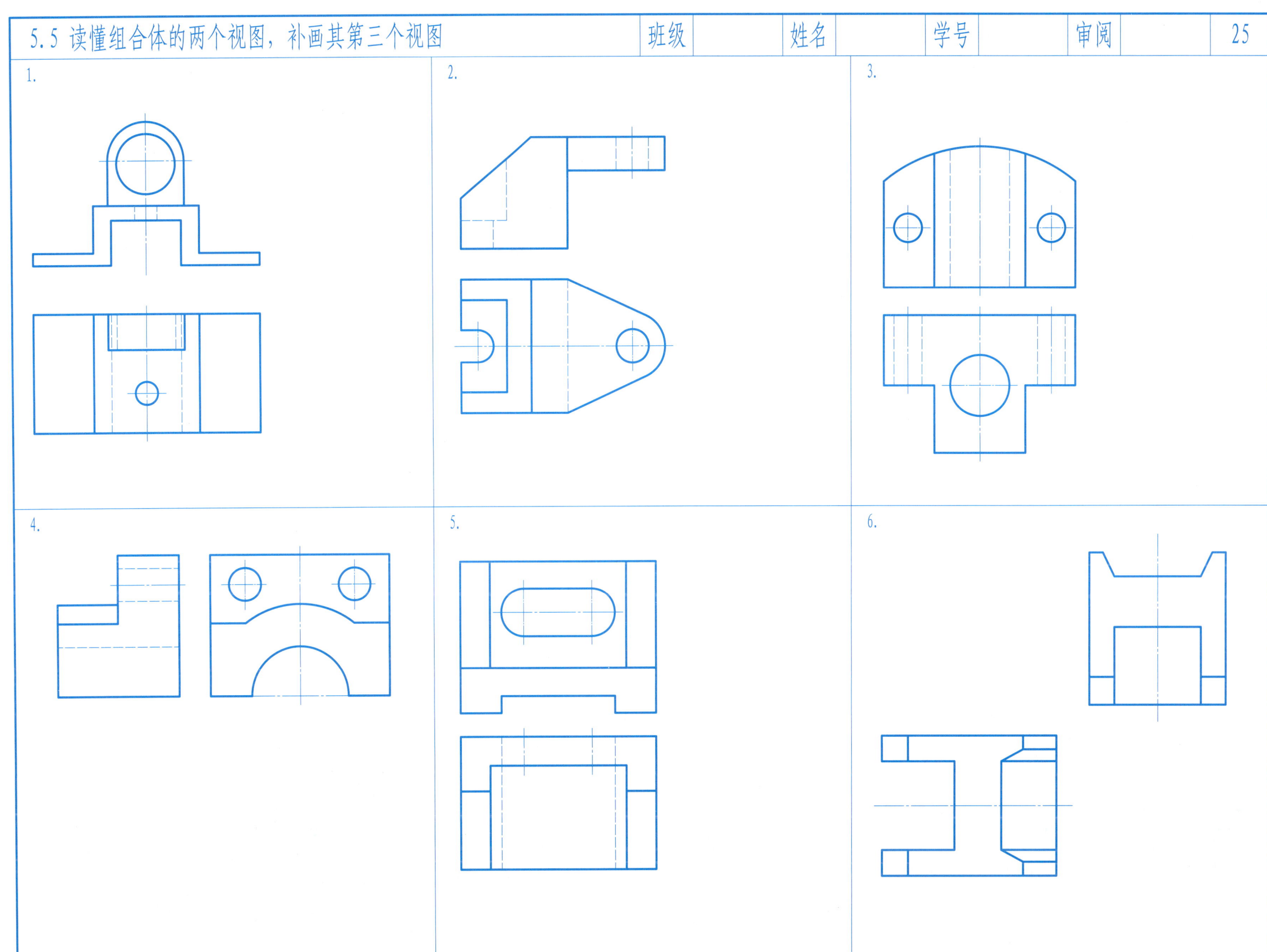

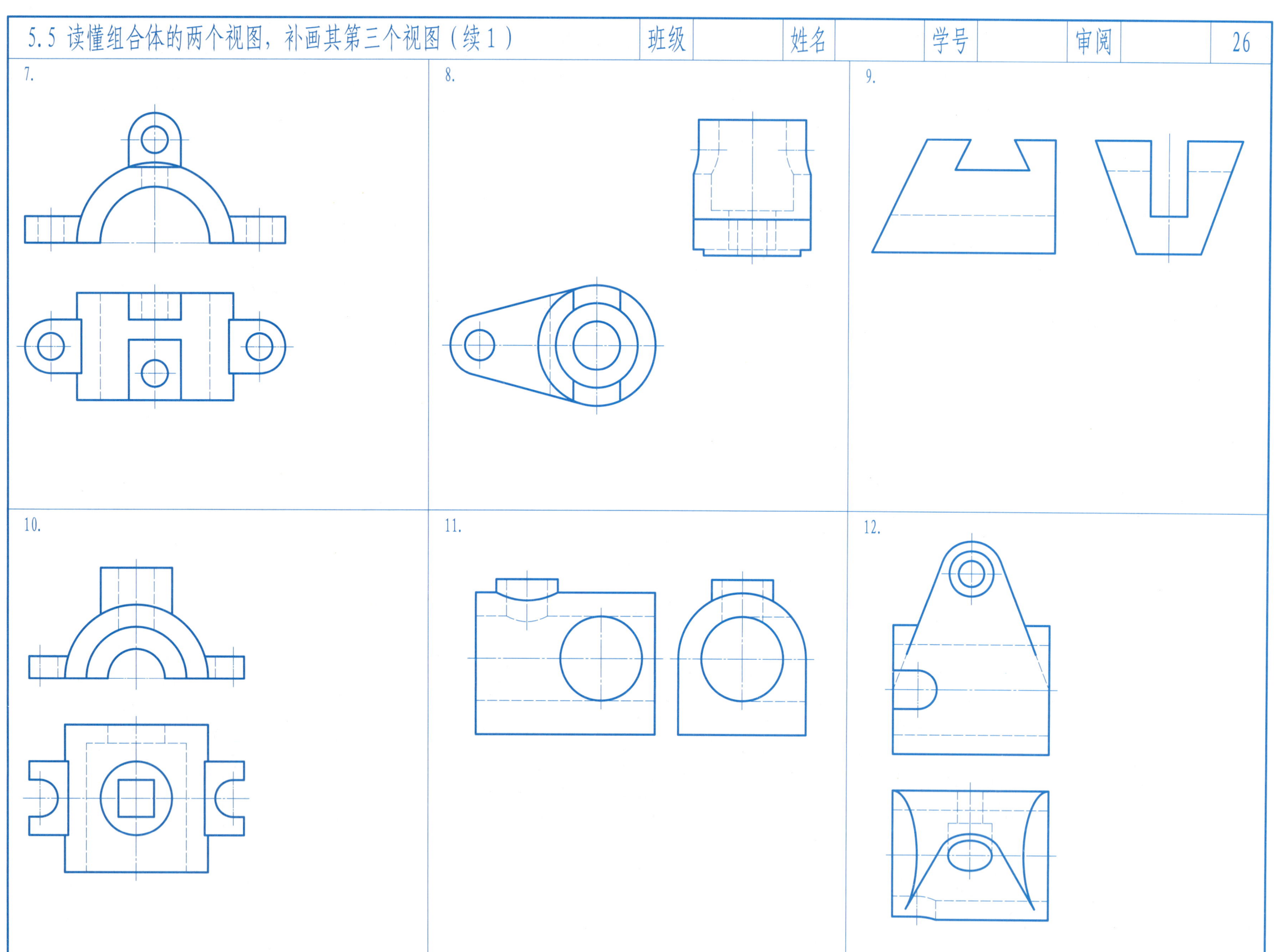

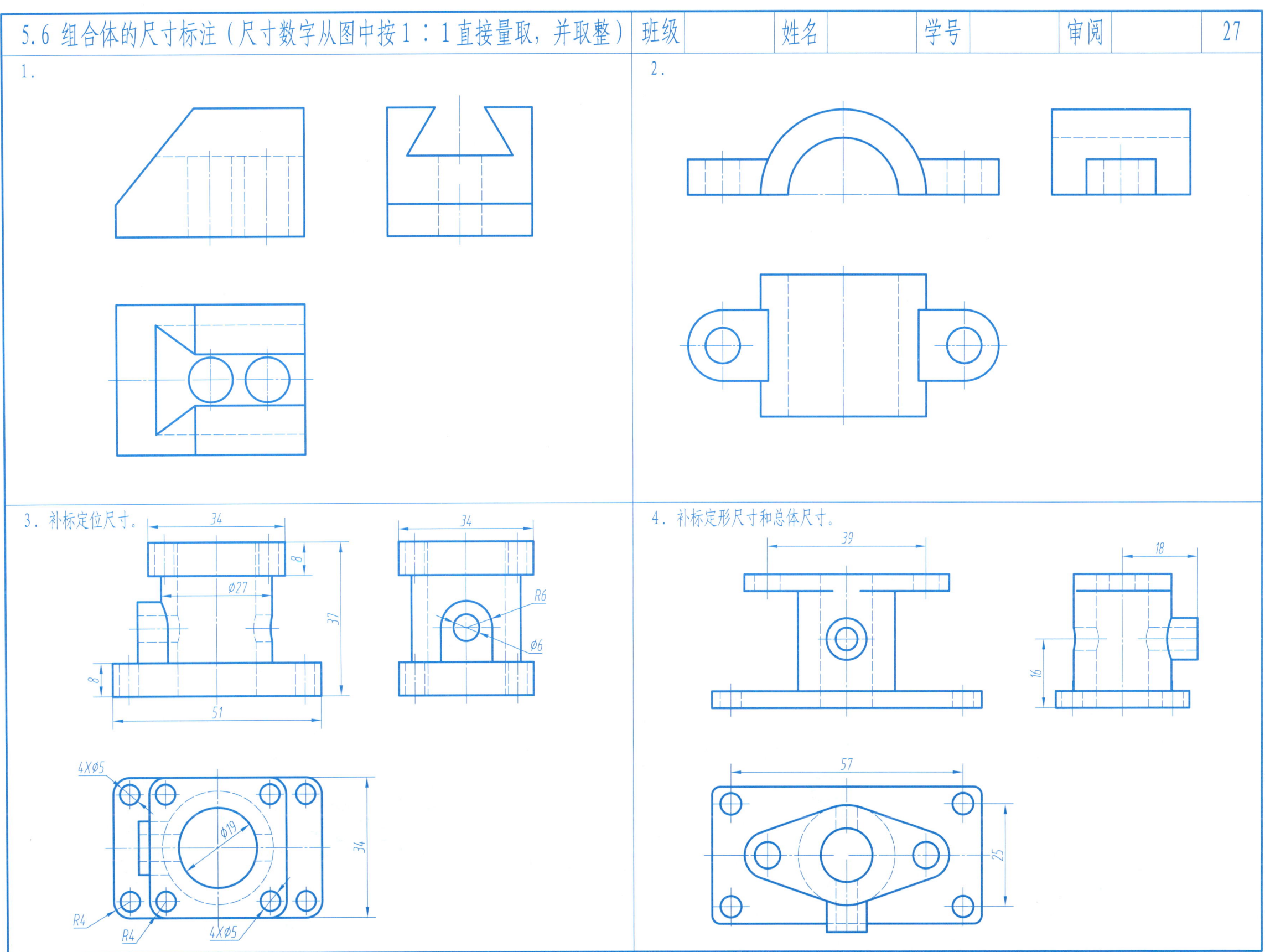

5.7 组合体三视图作业指示

第二次制图作业指示（一）
——绘制组合体三视图

一、目的、内容与要求

1. 目的、内容：进一步理解与巩固"物"与"图"之间的对应关系，运用形体分析法，根据立体图（或模型）绘制组合体的三视图并标注尺寸。本作业的立体图（或模型）由教师提供，也可以从本页选用（图中孔均为通孔）。

2. 要求：完整地表达组合体的内外形状。标注尺寸要完整、清晰并符合国家标准。

二、图名、图幅、比例

1. 图名：组合体（一）。
2. 图幅：A3图纸。
3. 比例：1:1。

三、绘图步骤及注意事项

1. 对所绘组合体进行形体分析，选择主视图，按立体图所注尺寸布置三视图（视图之间预留标注尺寸的位置），画出各视图的中心线、轴线和底面（顶面）位置线。

2. 逐步画出组合体的三视图（注意表面连接的画法）。

3. 标注尺寸时应重新考虑视图上尺寸的配置，以尺寸完整，符合标准，配置适当为原则。

4. 完成底稿，经仔细校验后，再对图线加深、加粗。

5. 要求图面保持洁净。

1.
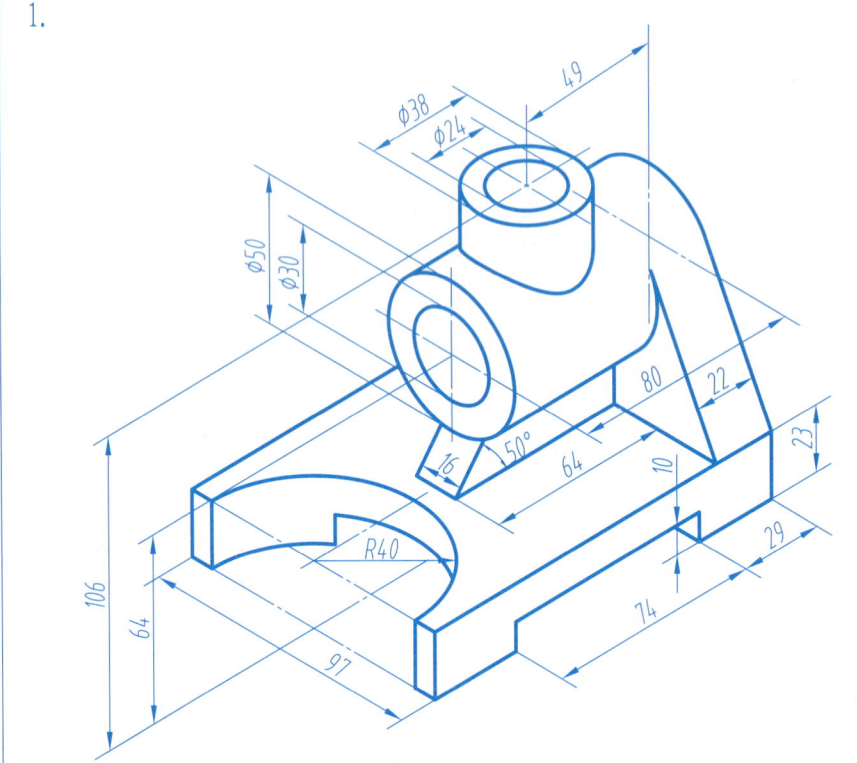

2.
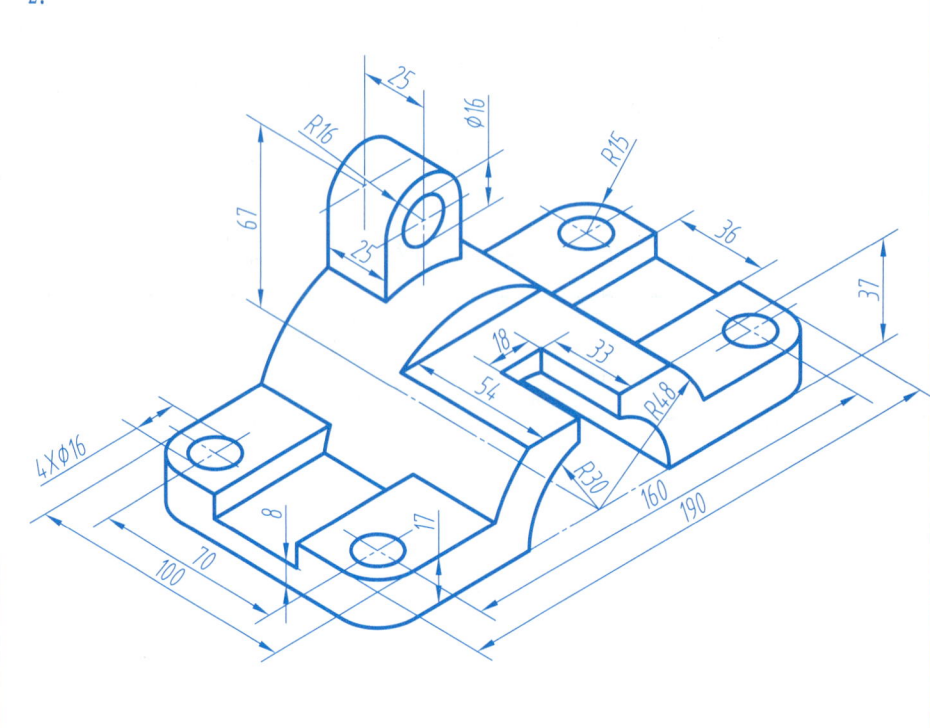

3.
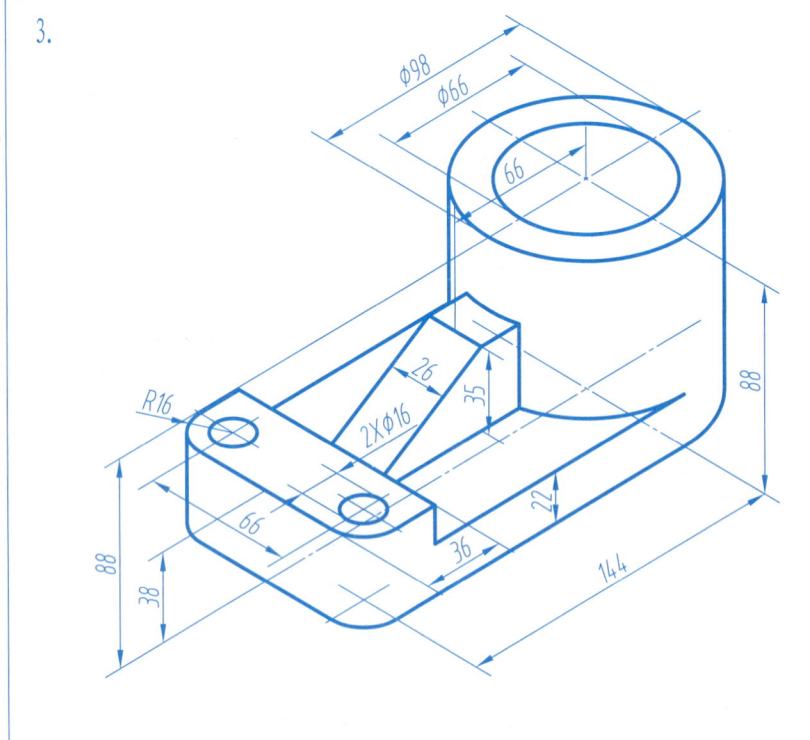

4.
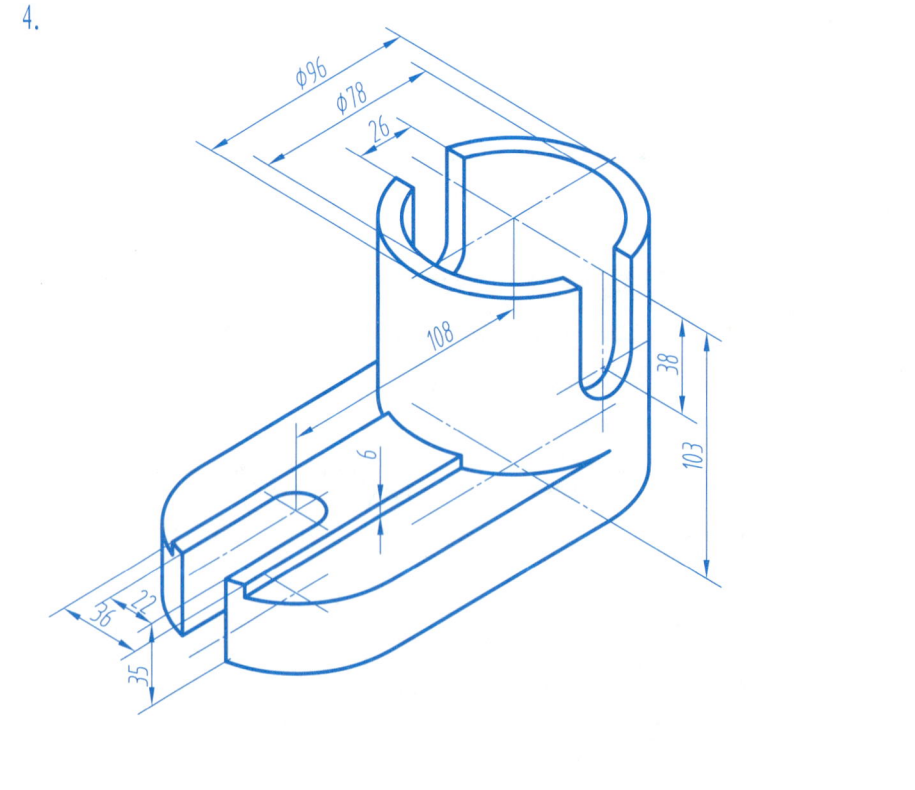

5.7 组合体三视图作业指示（续1）

第二次制图作业指示（二）——阅读组合体三视图

一、目的、内容与要求

1. 目的、内容：运用形体分析法，根据所给立体的两个视图构想出立体结构，依据立体结构绘制出第三个视图，并在三视图的合理位置标注尺寸。本作业的图形由教师提供，也可以从本页选用。

2. 要求：完整地表达组合体的内外形状。标注尺寸要完整、清晰并符合国家标准。

二、图名、图幅、比例

1. 图名：组合体（二）。
2. 图幅：A3图纸。
3. 比例：1:1。

三、绘图步骤及注意事项

1. 对所绘组合体进行形体分析，构想出立体图形，根据立体图形绘制出第三视图，在布置三视图时应在视图之间预留标注尺寸的位置，画出各视图的中心线、轴线和底面（顶面）位置线，做到布局合理。
2. 逐步画出组合体的三视图（注意表面连接的画法）。
3. 标注尺寸时应重新考虑视图上尺寸的配置，以尺寸完整，符合标准，配置适当为原则。
4. 完成底稿，经仔细校验后，再对图线加深、加粗。
5. 要求图面保持洁净。

1.

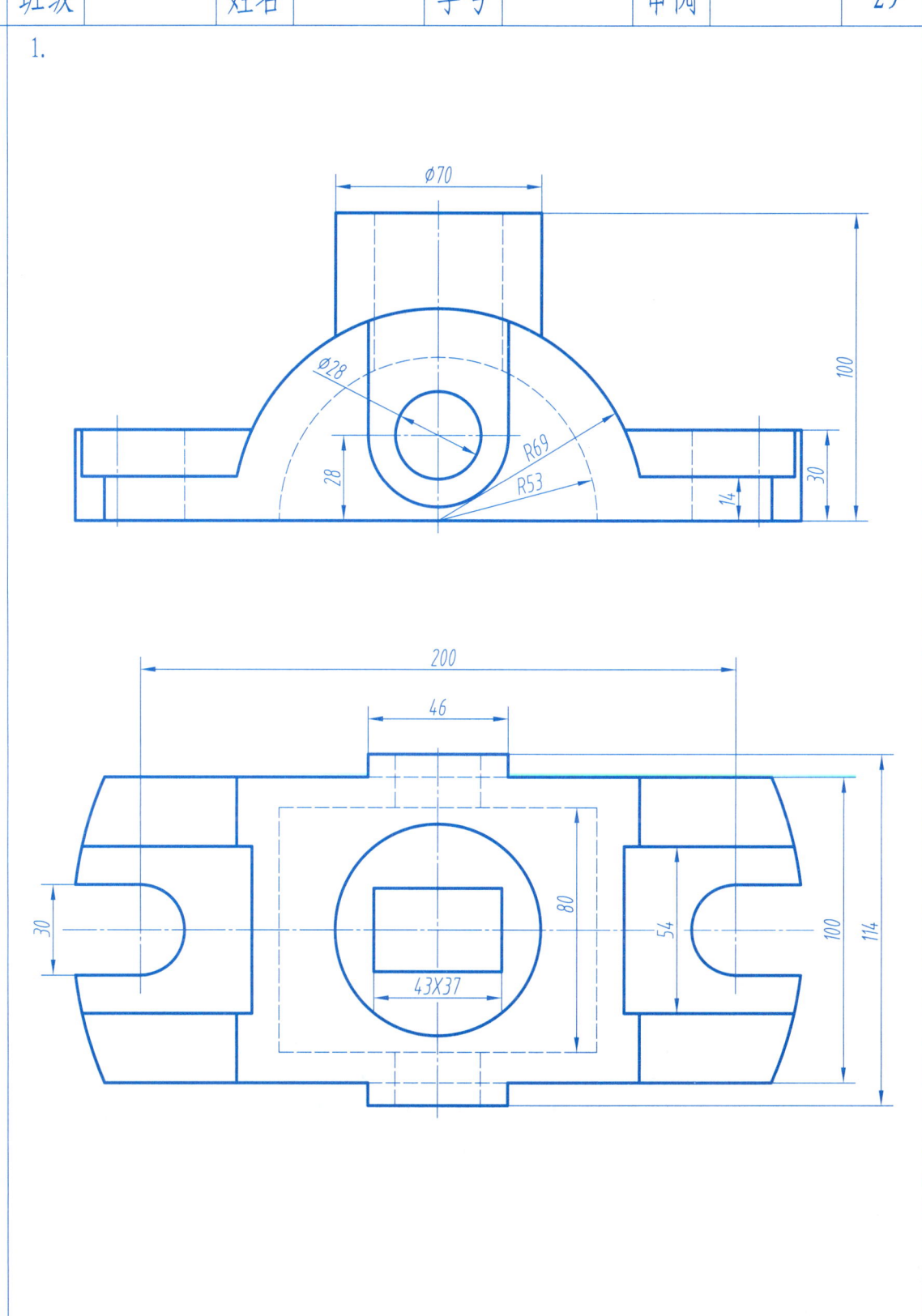

5.7 组合体三视图作业指示（续2）

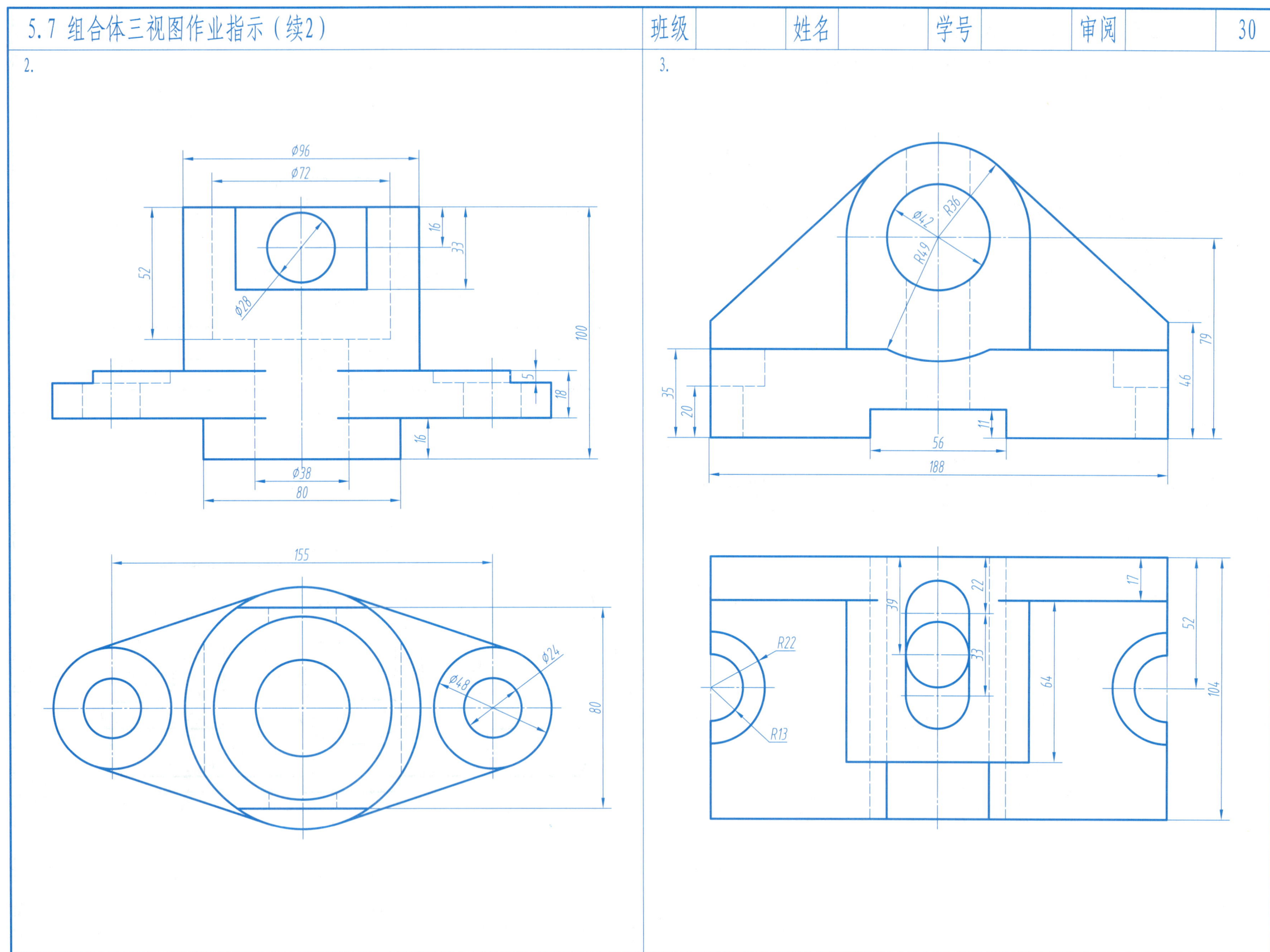

六、机件的图样画法　　6.1 基本视图和辅助视图

1. 补全基本视图,并画出所有虚线。

3. 根据主视图和轴测图,补画为表达清楚该形体所必要的局部视图和斜视图。

2. 正确地给各个向视图标注图名。

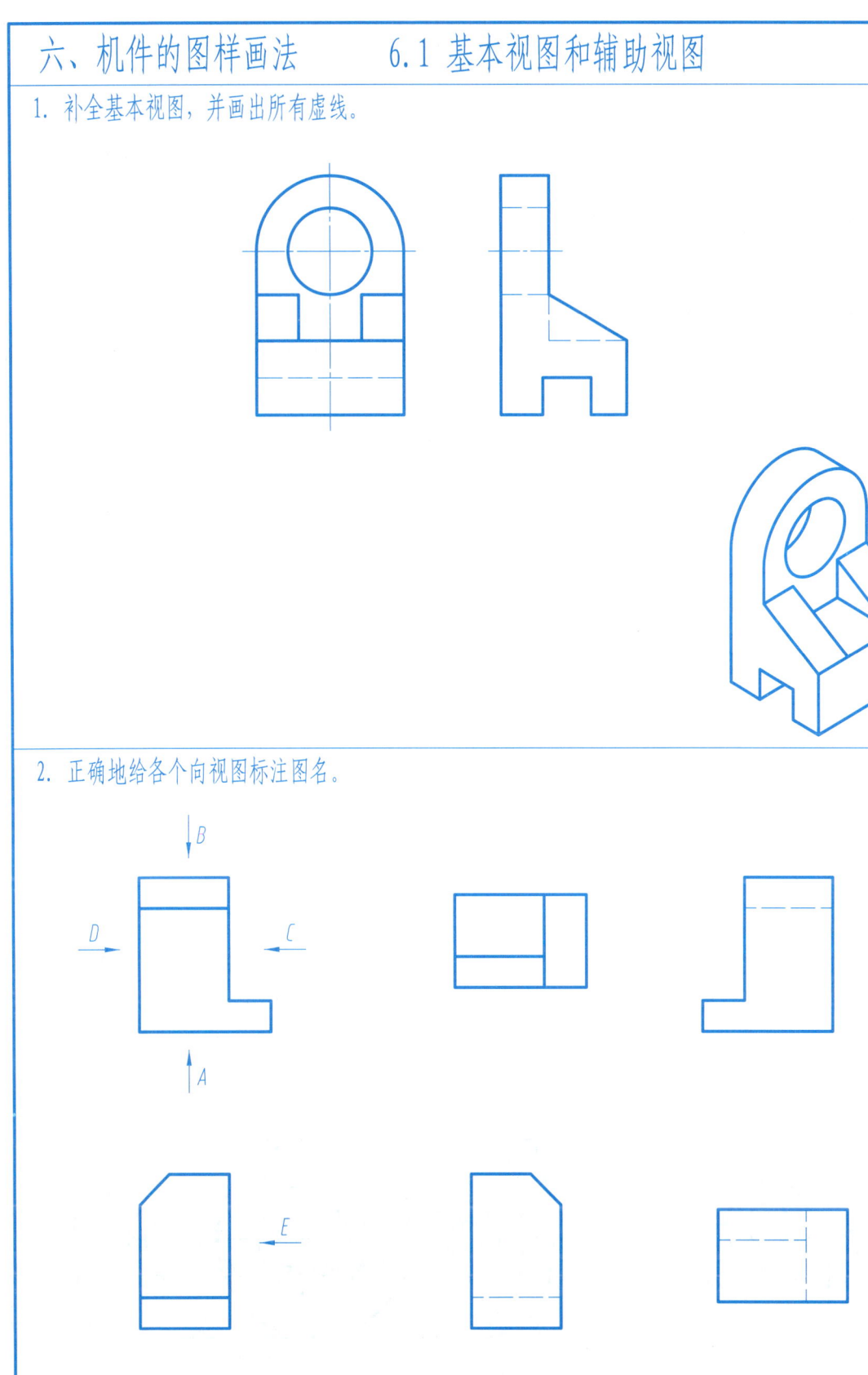
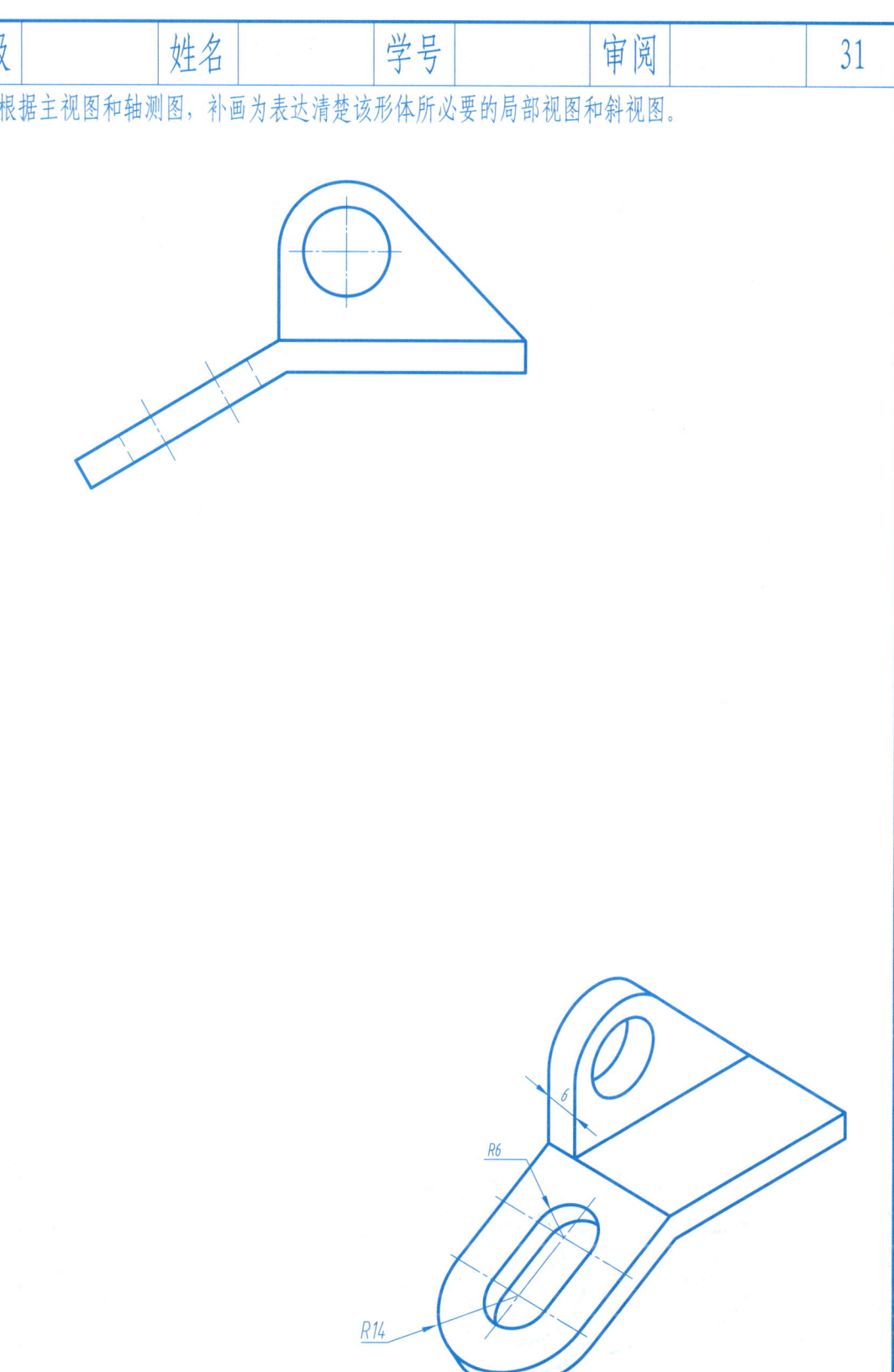

6.2 剖视图的基本概念：补画出剖视图中所缺少的图线

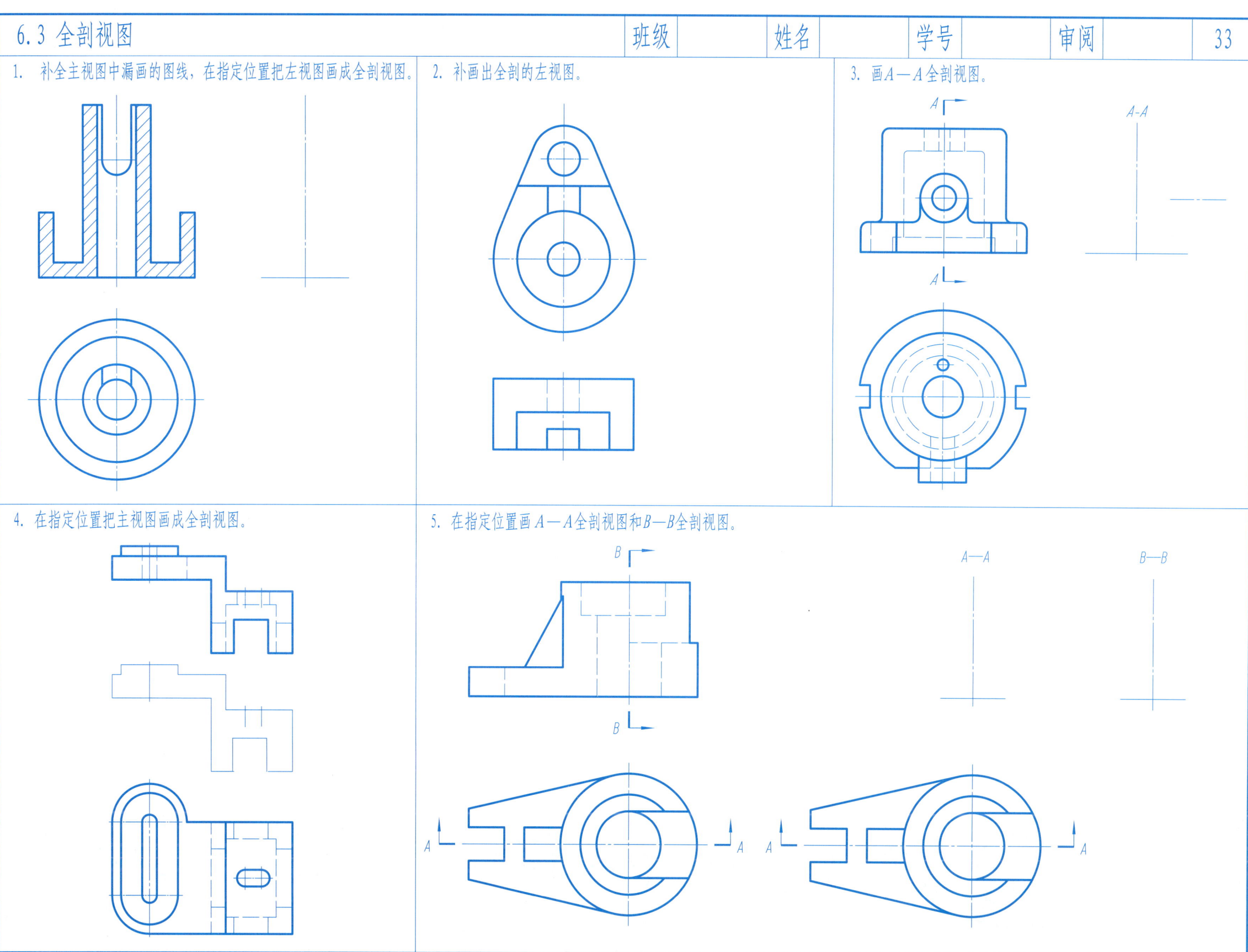

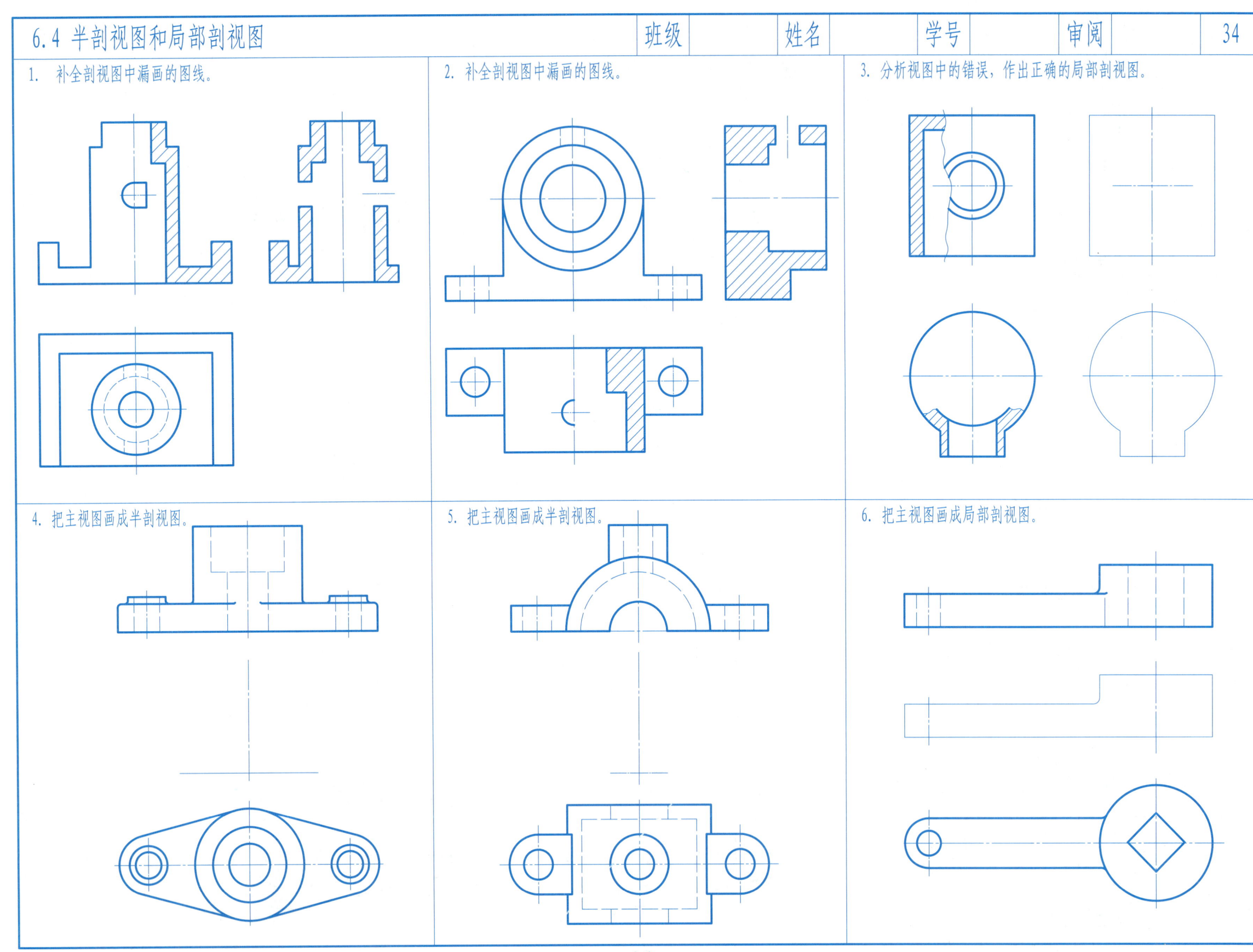

6.5 剖视图综合练习

1. 在指定位置把主视图，左视图画成全剖视图或半剖视图。

2. 画出 C—C 全剖视图。

3. 画出半剖的主视图和全剖的左视图，并标注出尺寸。

孔深8

A—A

B—B

C—C

6.6 断面图

1. 在两个相交剖切平面迹线的延长线上，画出移出断面图。

2. 画出 A-A、B-B 断面图。

3. 画出指定的断面图（左面键槽深 4 mm，右面键槽深 3 mm）。

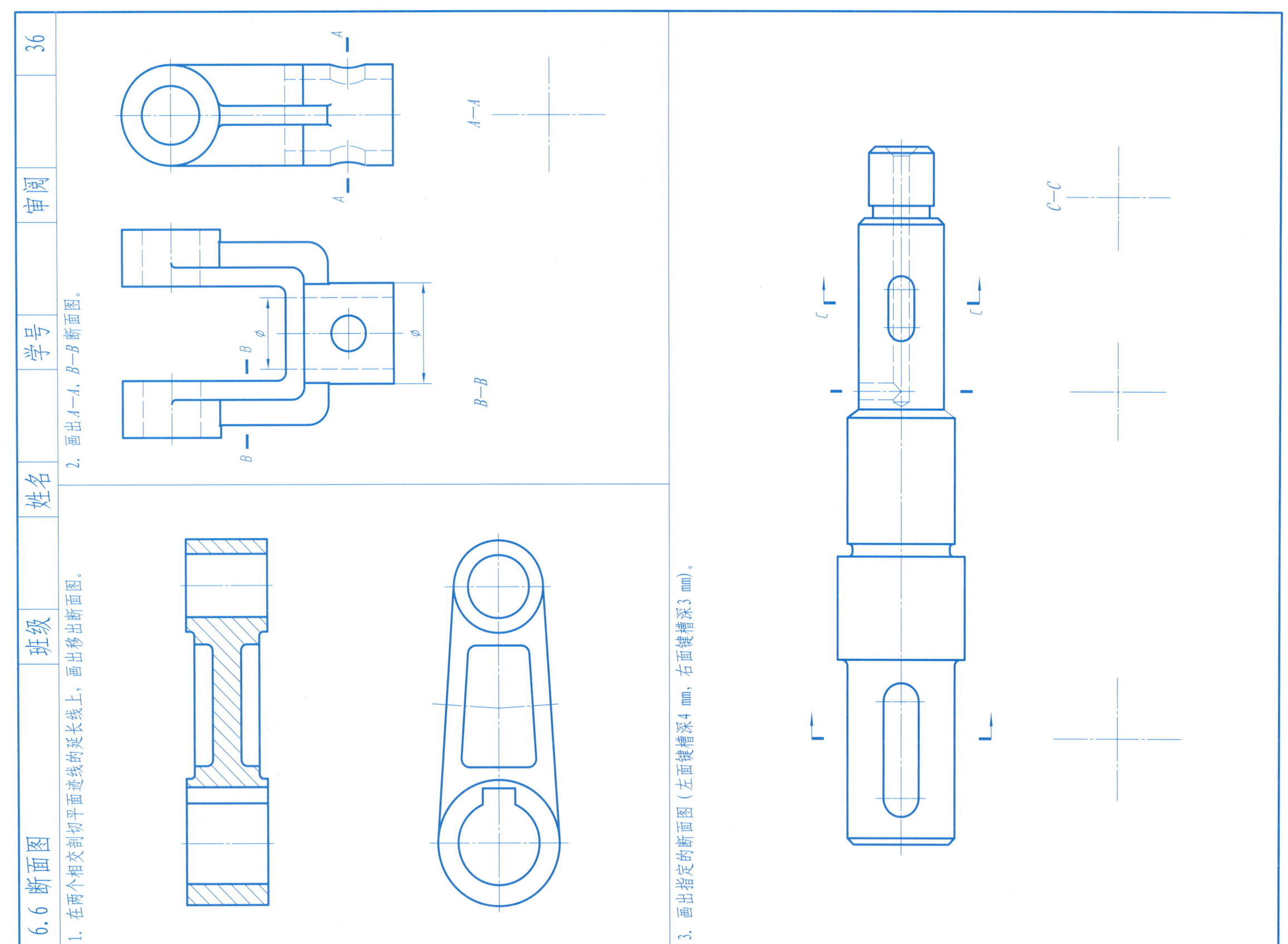

6.7 机件的图样画法作业指示

第三次制图作业指示——机件的图样画法

一、作业目的
1. 学习机件的表达方法，掌握图样画法中最常用的剖视图的画法。
2. 更深入掌握形体分析方法，了解机件表达的特点。

二、作业要求
1. 根据已给机件的两个视图，读懂视图，并搞清楚机件结构。
2. 根据机件结构特点，在视图中合理选用剖切方法和剖视图种类，用剖视图或其它视图表达清楚机件的内外部结构，并标注尺寸。

三、作业内容
1. 图名：剖视图。
2. 图幅：A3图纸。
3. 比例：1∶1。
4. 题目：可由老师指定其中的一个分题。

四、绘图步骤及注意事项
1. 对所给视图进行形体分析，在此基础上选择表达方案。
2. 根据给定的图幅和比例，合理布置各视图的位置。
3. 逐步画出各视图，画图时要按需要将视图改画成适当的剖视图（如有需要则还应画出其他视图），并调整各部分尺寸，完成底稿。
4. 仔细校核后，按要求用铅笔描深。
5. 图面质量与标题栏填写的要求，同前面的作业。

1.

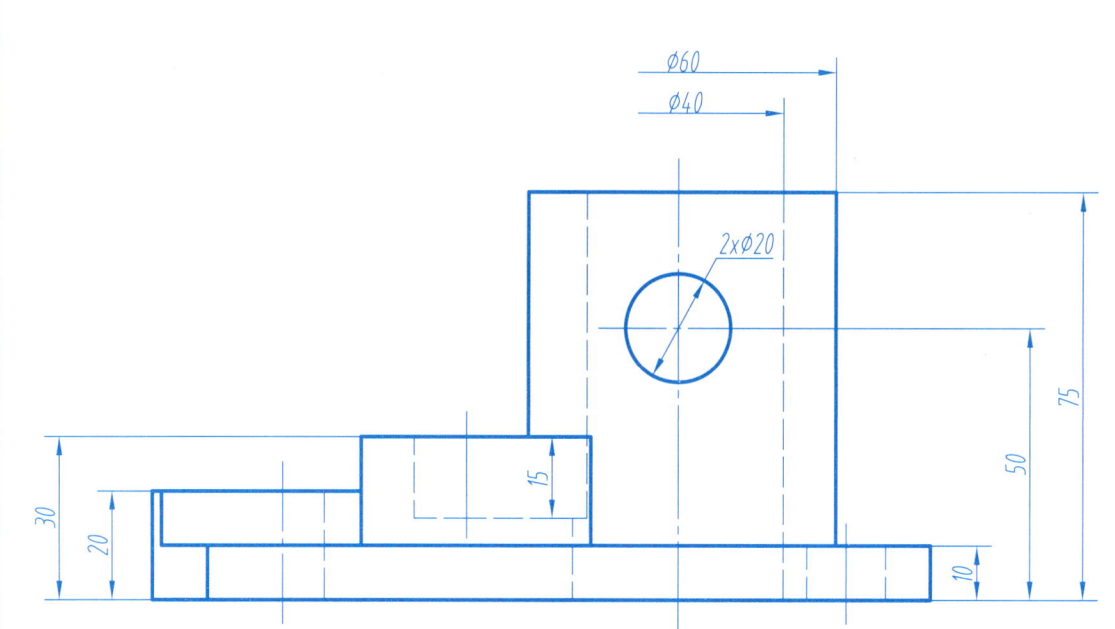

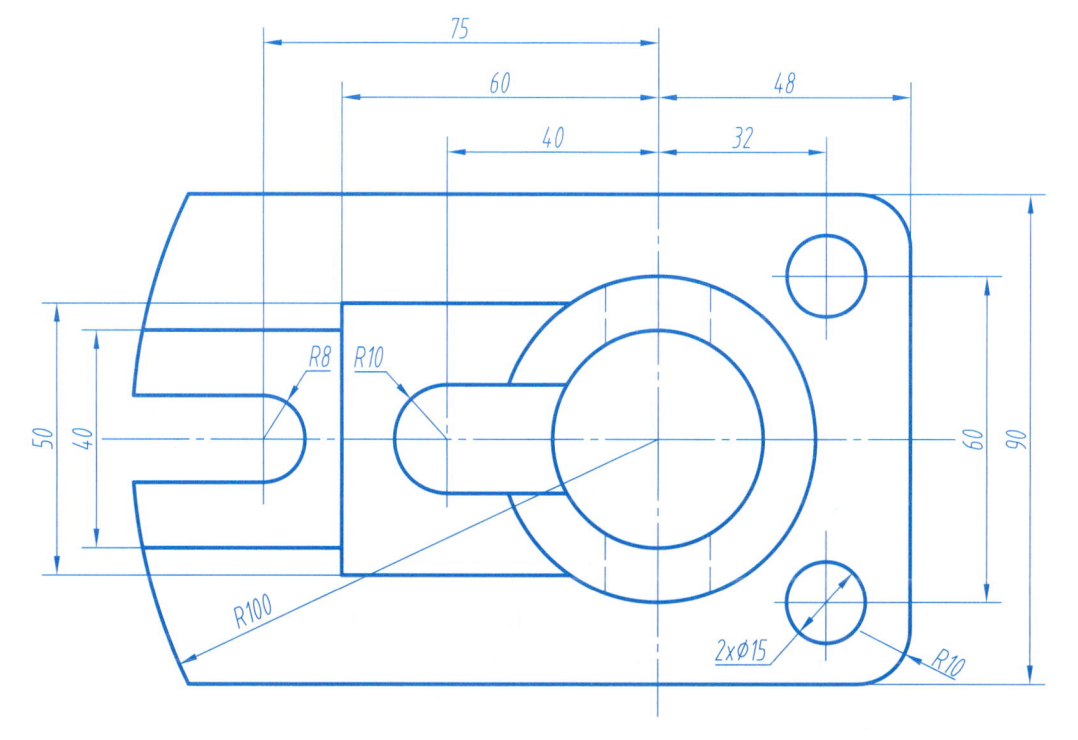

6.7 机件的图样画法作业指示（续1）

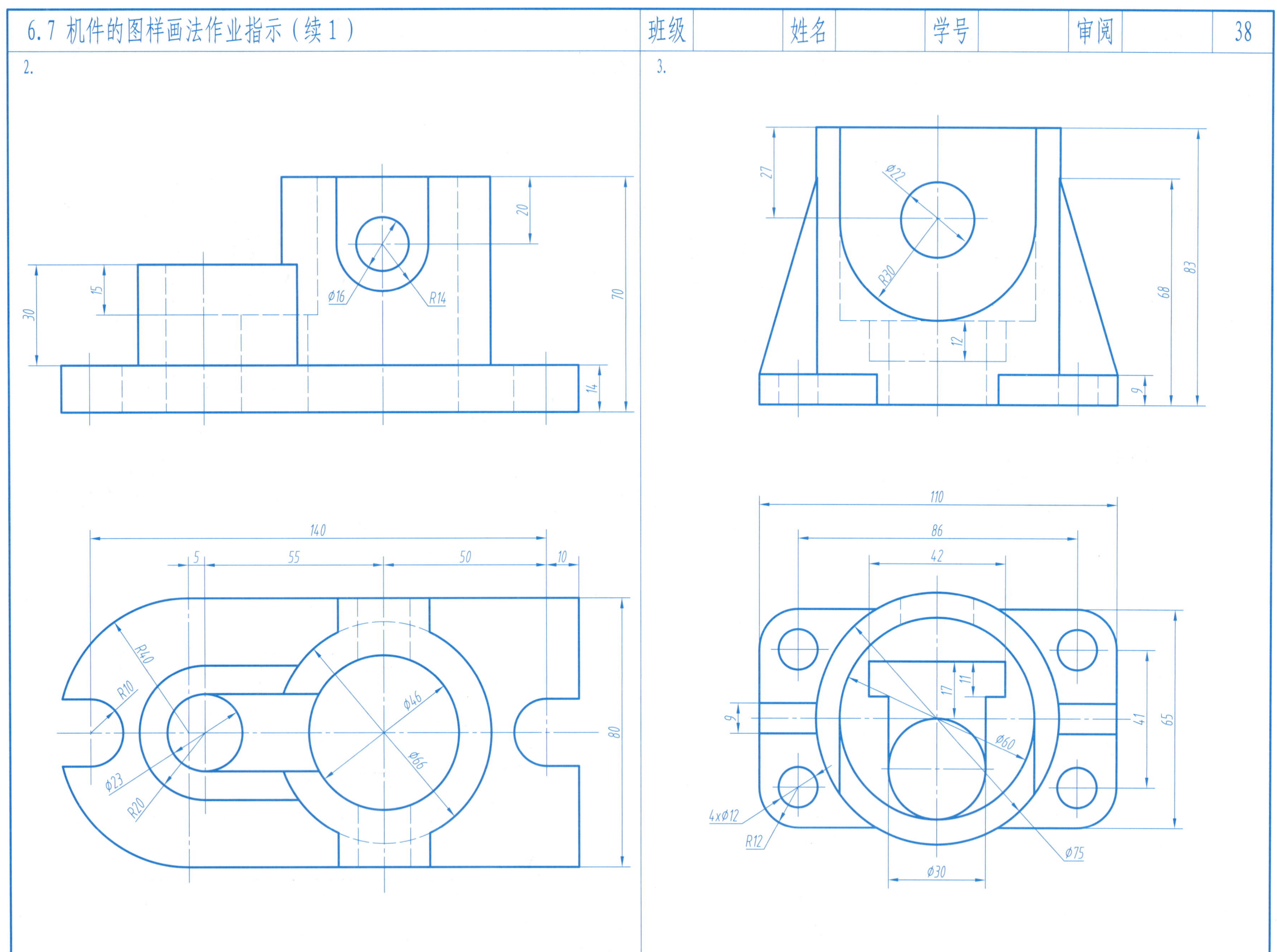

七、标准件和常用件　　7.1 螺纹和螺纹紧固件的规定画法和标注

1. 已知下列螺纹代号，识别其意义并填表。

螺纹代号	螺纹种类	大径	螺距	导程	小径	旋向	公差代号（中径）	旋合长度（种类）
M20-5g6g-S								
M20×1-6H								
Tr50×24(P8)								
G 3/8								

2. 根据下列给定的螺纹要素，标注螺纹的标记或代号。

（1）粗牙普通螺纹：公称直径24 mm，螺距3 mm，单线，右旋。螺纹公差带：中径、小径的公差带均为6H，旋合长度属于短的一组。

（2）细牙普通螺纹：公称直径30 mm，螺距2 mm，单线，右旋。螺纹公差带：中径5 g，大径6 g，旋合长度属于中等的一组。

（3）非螺纹密封的管螺纹，尺寸代号3/4，公差等级为A级，右旋。

（4）梯形螺纹，公称直径30 mm，螺距6 mm，双线，左旋。

3. 按规定画法，绘制螺纹的主、左两视图（1∶1）。

（1）外螺纹：大径M20、螺纹长30 mm、螺杆长画40 mm后断开，螺纹倒角C2。

（2）内螺纹：大径M20、螺纹长30 mm、孔深40 mm。

4. 将题3（1）中的外螺纹调头，旋入题3（2）的螺孔，旋合长度为20 mm，并作出旋合后的主视图。

5. 分析下列错误画法，并将正确的图形画在下边的空白处。

7.1 螺纹和螺纹紧固件的规定画法和标注（续1）

6. 查表填写下列各紧固件的尺寸。

(1) 六角头螺栓：螺栓GB/T 5782—2000 M16×65。

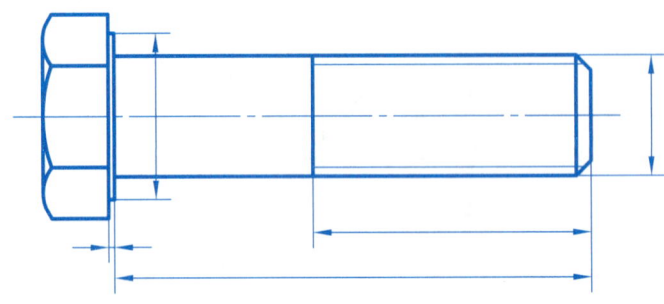
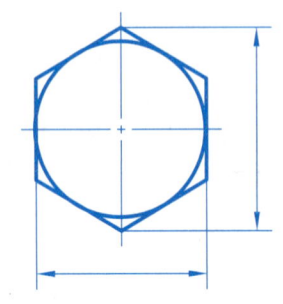

(2) 开槽沉头螺钉：螺钉 GB/T 68—2000 M10×50。

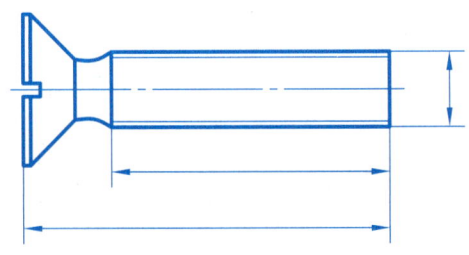

7. 根据所注规格尺寸，查表写出各紧固件的规定标记：

(1) A级的1型六角螺母　　　　(2) A级的平垫圈

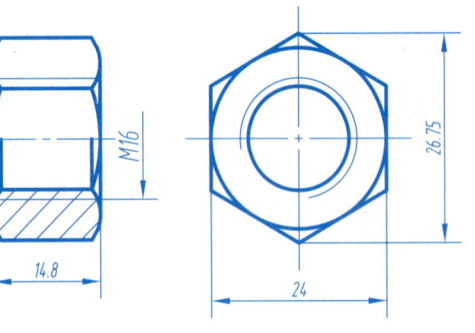
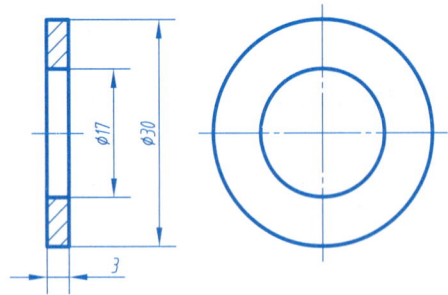

8. 查表画出下列螺纹紧固件，并注出螺纹的公称直径和螺栓、螺钉的长度。

(1) 已知螺栓GB/T 5780—2000 M20×70，画出其轴线水平放置，头部朝左的主、左视图(1∶1)。

(2) 已知螺母GB/T 6170—2000 M16，画出其轴线水平放置的主、左视图(1∶1)。

(3) 已知开槽圆柱头螺钉GB/T 65—2000 M8×30，画出其轴线水平放置，头部朝左的主、左视图(2∶1)。

7.2 齿轮的画法

1. 已知直齿圆柱齿轮模数 $m=3$，齿数 $z=23$，画出该齿轮的主视图（全剖）、左视图，并标注尺寸。

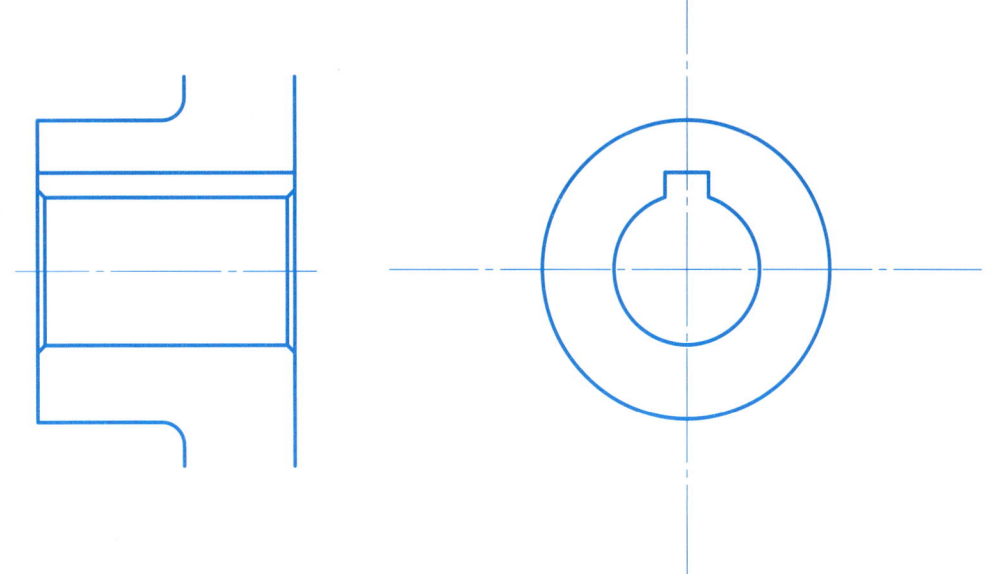

2. 已知直齿圆锥齿轮模数 $m=3$，齿数 $z=23$，分度圆锥角 $\delta=45°$，画出齿轮的主视图（全剖）、左视图，并标注尺寸。

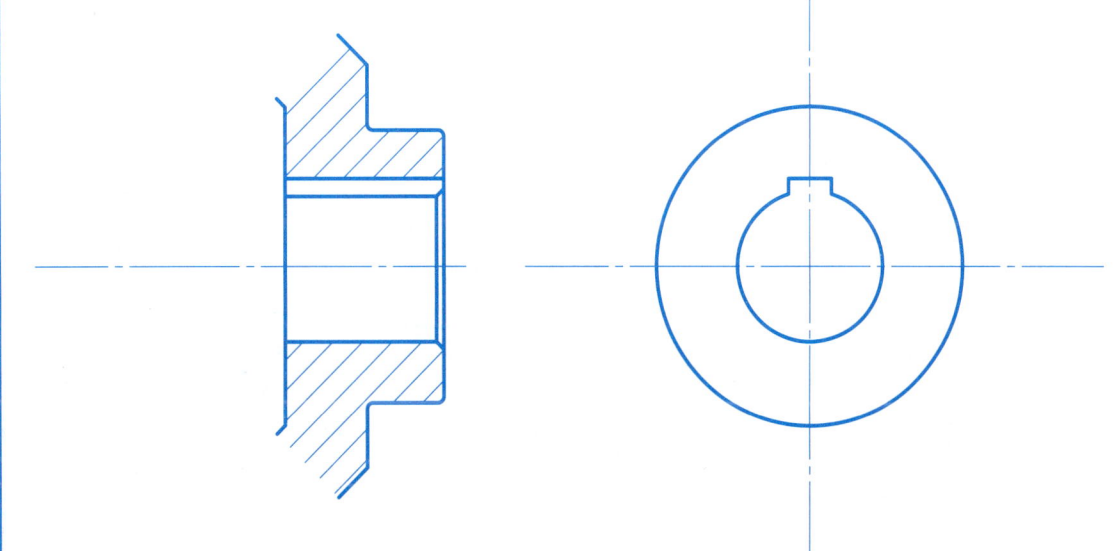

3. 画出两平板圆柱齿轮的啮合图（主视图全剖）。已知大齿轮的齿数 $z_1=24$，两齿轮的模数 $m=3$，中心距 $A=63$，轮厚 $B=24$，孔径 $\phi_1=25$，孔径 $\phi_2=20$，无键槽。

7.3 键、销、弹簧及滚动轴承的画法

1. 轴上 φ20 段有 A 型普通平键用键槽，补全主视图和 A—A 断面图并在其上标注键槽尺寸。

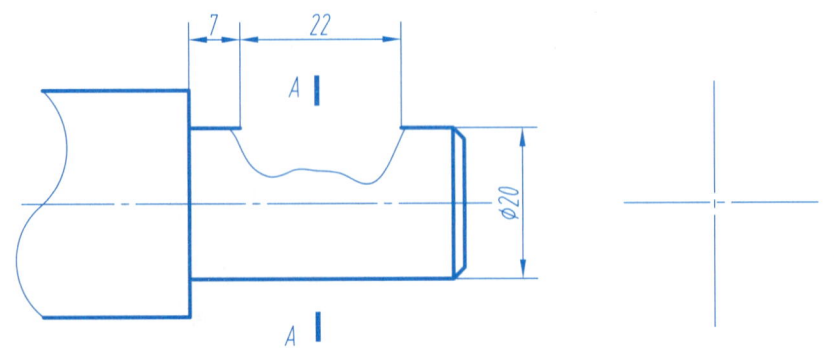

2. 直径为 φ6 的 A 型圆锥销连接，选择适当的长度并画出装配图，写出销的规定标记。

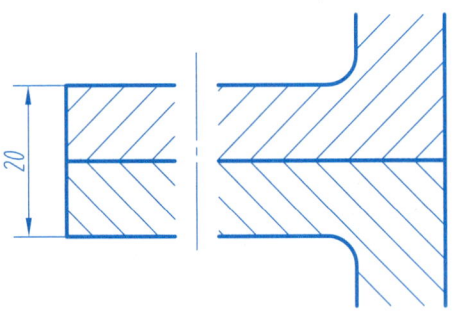

规定标记：_____

3. 直径为 φ8 的 A 型圆柱销连接，选择适当的长度并画出装配图，写出销的规定标记。

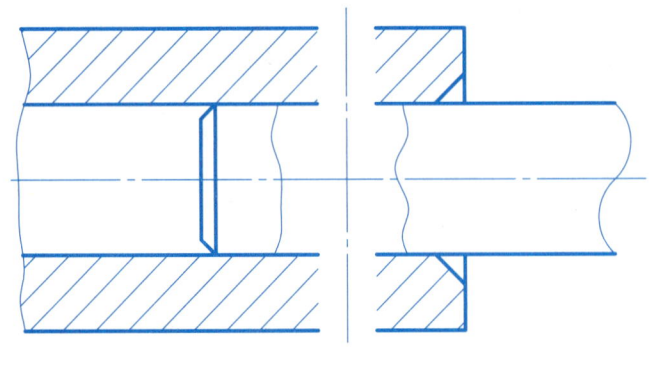

规定标记：_____

4. 一圆柱螺旋压缩弹簧，外径为 φ46，总圈数为 9.5，支承圈数为 2.5，节距为 14，钢丝直径为 φ8，右旋，画出弹簧的全剖视图。

5. 在齿轮轴的 φ30 轴径处按规定画法画出基本代号为 6206 深沟球轴承一对。

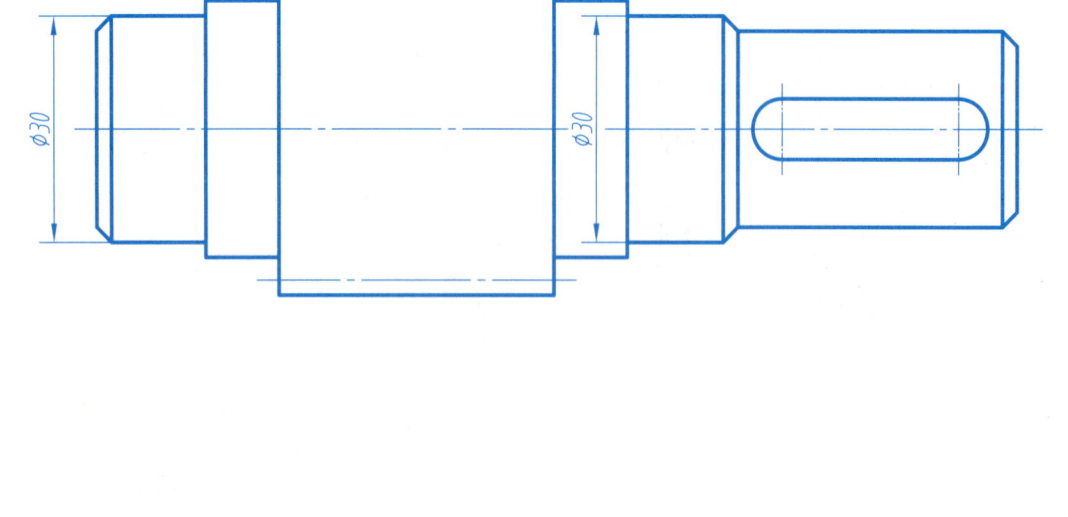

7.4 螺纹紧固件的连接画法作业指示

第四次制图作业指示——螺纹紧固件的连接画法

一、作业目的

1. 学习螺纹的基本知识，了解螺纹连接的构造类型及用途。
2. 学习螺纹连接的规定画法、规定标记及标准的查阅方法。

二、作业内容

1. 按题1中给出的条件画出螺栓连接的三视图。
2. 在同一图纸上，按题2和题3给出的条件画出螺柱连接和螺钉连接的主、俯视图。

三、作业要求

1. 按给定条件计算螺栓、螺柱、螺钉的计算长度，再查表选取公称长度。
2. 采用比例画法，绘制所有的螺纹紧固件。

四、作业指示

1. 首先计算螺栓、螺柱、螺钉的需用长度，再查标准表格选取相近的标准值，并据此画图。
2. 选用A3图幅。
3. 螺栓连接和螺柱连接按1∶1画，螺钉连接按2∶1画。
4. 画底稿时先画出螺栓、螺柱、螺钉的轴线，合理布局各个视图，逐一画出各连接件视图。
5. 同一视图中相邻被连接件的剖面线方向应相反，同一被连接件在不同视图上剖面线应一致。
6. 在主视图上作全剖时，剖切面沿螺纹紧固件的轴线方向，所有紧固件按不剖处理。

---

1. 已知螺栓GB/T 5780—2000 M20×L、垫圈GB/T 97.1 20、螺母GB/T6170—2000 M20，板厚 $t_1 = t_2 = 30$。用近似画法作出螺栓连接的三视图（主视图全剖，俯、左视图画外形），并在右下角写出规定标记。

规定标记：

螺栓 _____

螺母 _____

垫圈 _____

7.4 螺纹紧固件的连接画法作业指示（续1）

2. 已知螺柱GB/T 898 M20×L，螺母GB/T 6170 M20，垫圈GB/T 93 20，上面钢板的厚度t_1=22，下面铸铁基座厚度t_2=55，用近似画法作出连接后的全剖主视图和俯视图。

3. 已知螺钉GB/T 68 M10×L，板厚t_1=10，铸铁底座t_2=30。用近似画法作出连接后的全剖主视图和俯视图（用2：1比例）。

规定标记：

螺柱_____   螺母_____

垫圈_____

规定标记：

螺钉_____

| 八、零件图 | 8.1 读零件图 | 班级 | 姓名 | 学号 | 审阅 | 45 |

1. 读零件图,填空回答下列问题。

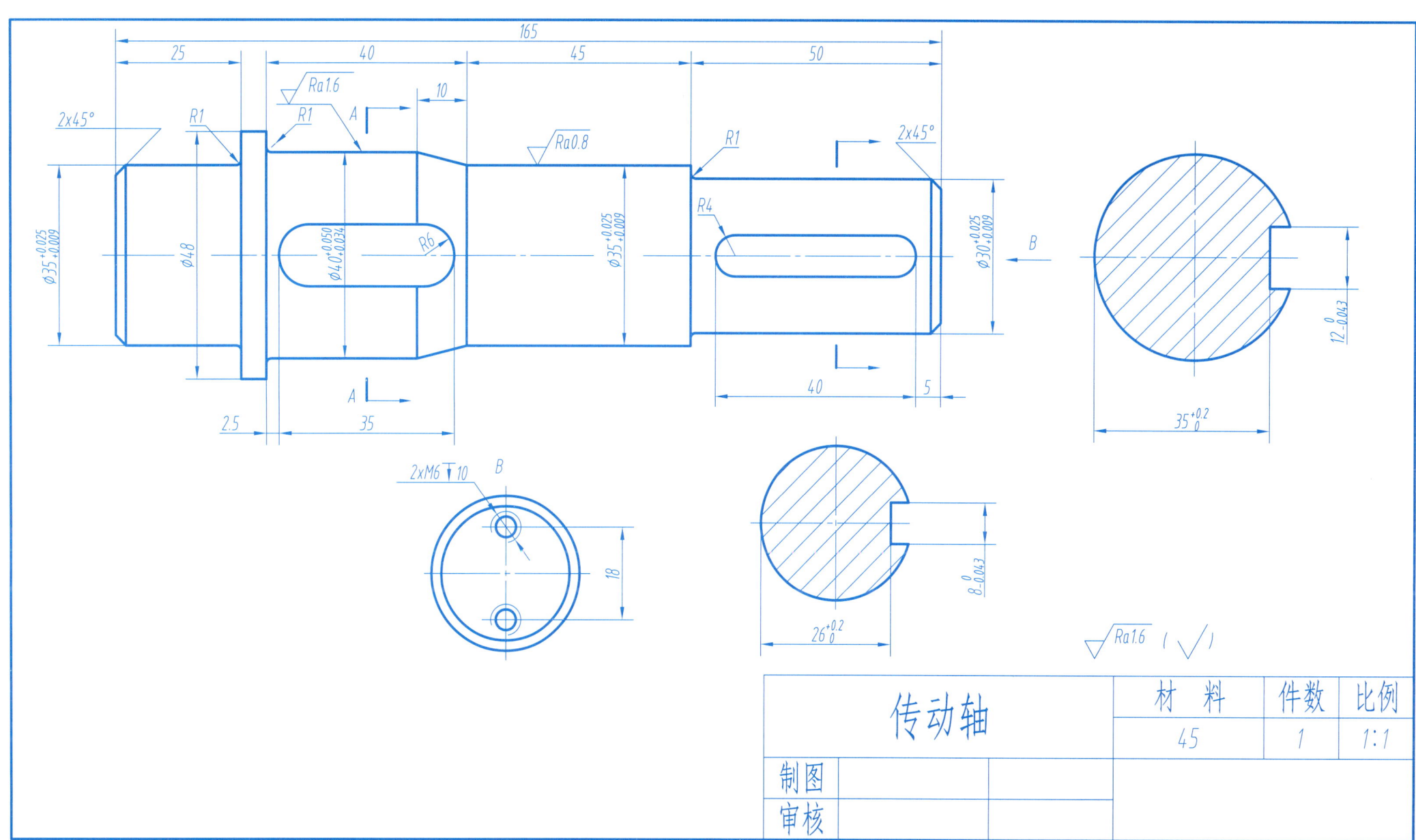

看零件图,回答下列问题

1. 零件的名称 _____ ,材料 _____ ,数量 _____ 。
2. 零件表达共用了 _____ 个图形,它们分别是 _____ 。
3. 零件的基本形体为 _____ 体,右边键槽长 _____ 、宽 _____ 、深 _____ 。
4. $\phi40$ 圆柱体的尺寸上偏差是 _____ ,表面粗糙度为 _____ 。

8.1 读零件图（续1）

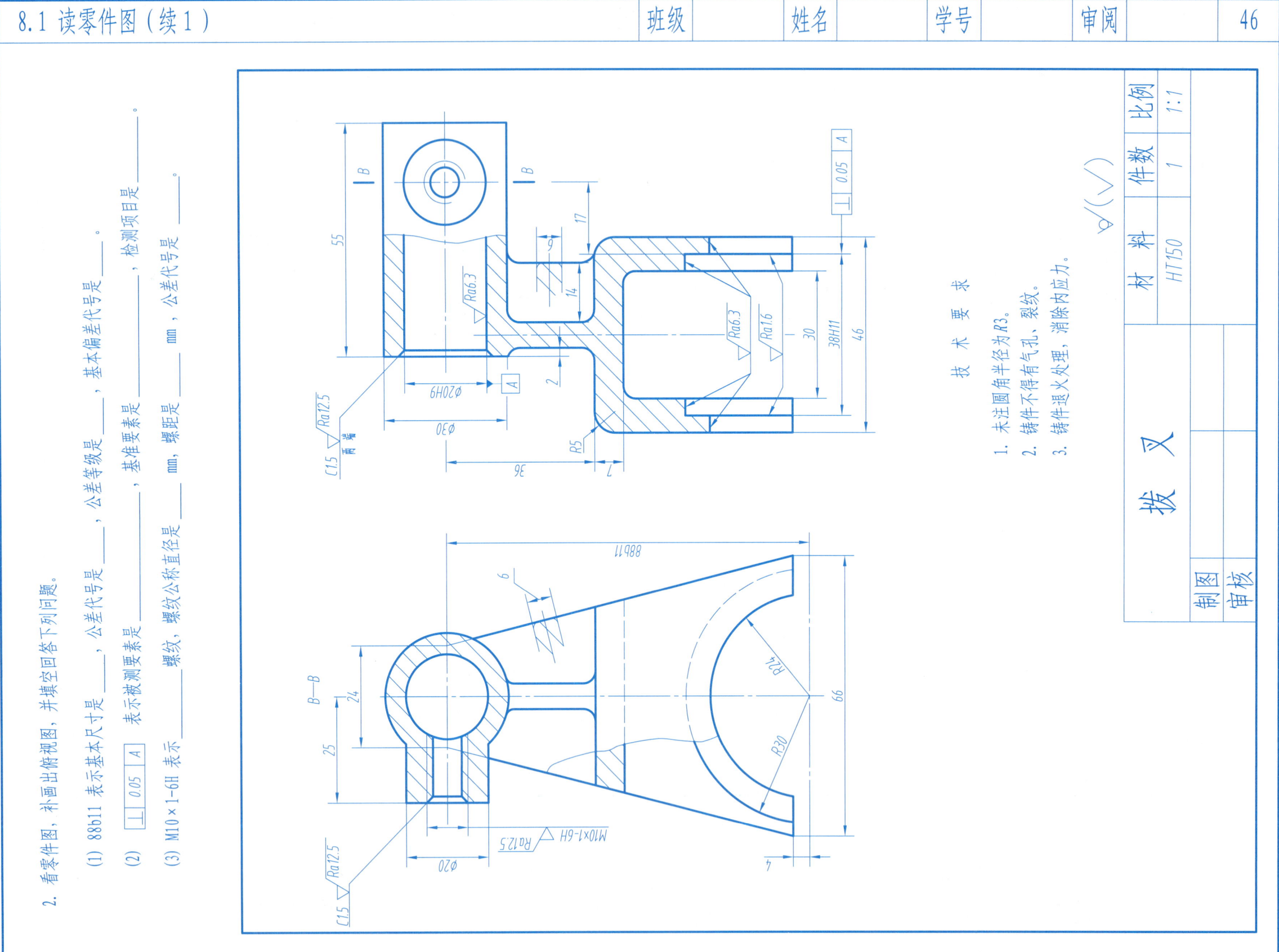

2. 看零件图，补画出俯视图，并填空回答下列问题。

(1) 88b11 表示基本尺寸是 _____ ，公差等级是 _____ ，公差代号是 _____ ，基本偏差代号是 _____ 。

(2) ⊥ 0.05 A 表示被测要素是 _____ ，基准要素是 _____ ，检测项目是 _____ 。

(3) M10×1-6H 表示 _____ 螺纹，螺纹公称直径是 _____ mm，螺距是 _____ mm，公差代号是 _____ 。

3. 读零件图，画出A—A剖全视图，并填空回答下列问题。

(1) φ80圆柱面上4×M5-6H的定位尺寸是_____，有_____个螺孔，是_____螺纹。

(2) ⊚ │0.02│ B │ 表示被测要素是_____，基准要素是_____，检测项目是_____。

(3) 尺寸标注60js12 中，60表示_____代号，12为_____尺寸，js为_____。

技 术 要 求
1. 未注圆角半径为R3。
2. 铸件不得有气孔裂纹等缺陷。

壳 体 材料 HT150 件数 1 比例 1:1

| 8.2 绘制零件图作业指示 | 班级 | 姓名 | 学号 | 审阅 | 48 |

第五次制图作业指示——绘制零件图

一、作业目的

1. 学习零件草图和工作图的绘制方法和步骤。
2. 学习零件视图选择、尺寸标注和表面粗糙度代号的标注。

二、作业内容

1. 在下页轴测图所示的两个零件中选择一个,在适当幅面的方格纸上徒手画出零件草图。
2. 在正确画出草图后,再选择A3图幅、用1:1比例在绘图纸上绘制零件工作图。

三、作业要求

1. 零件的表达必须完整、清晰、正确。
2. 尺寸标注要完全、合理、清晰,表面粗糙度标注正确、无遗漏。
3. 草图要内容完整,线型分明,线条、字体工整。

四、作业指示

1. 分题由教师指定,认真分析零件结构和功用,多考虑几个视图方案。
2. 画草图时注意训练徒手目测画图,保持正确的比例关系。
3. 画工作图时应对草图方案进行审视、调整和优化。
4. 画图时应先画底稿,再进行描深。
5. 画图过程中要注意分形体按投影关系几个视图同时绘制。
6. 关注零件工艺结构的表达,铸造圆角、过渡线、倒角等均应画出。

| 8.2 绘制零件图作业指示（续1） | 班级 | 姓名 | 学号 | 审阅 | 49 |

1. 名称：三通
   材料：HT150
   铸造圆角R2

2. 名称：轴承盖
   材料：HT200
   铸造圆角R3

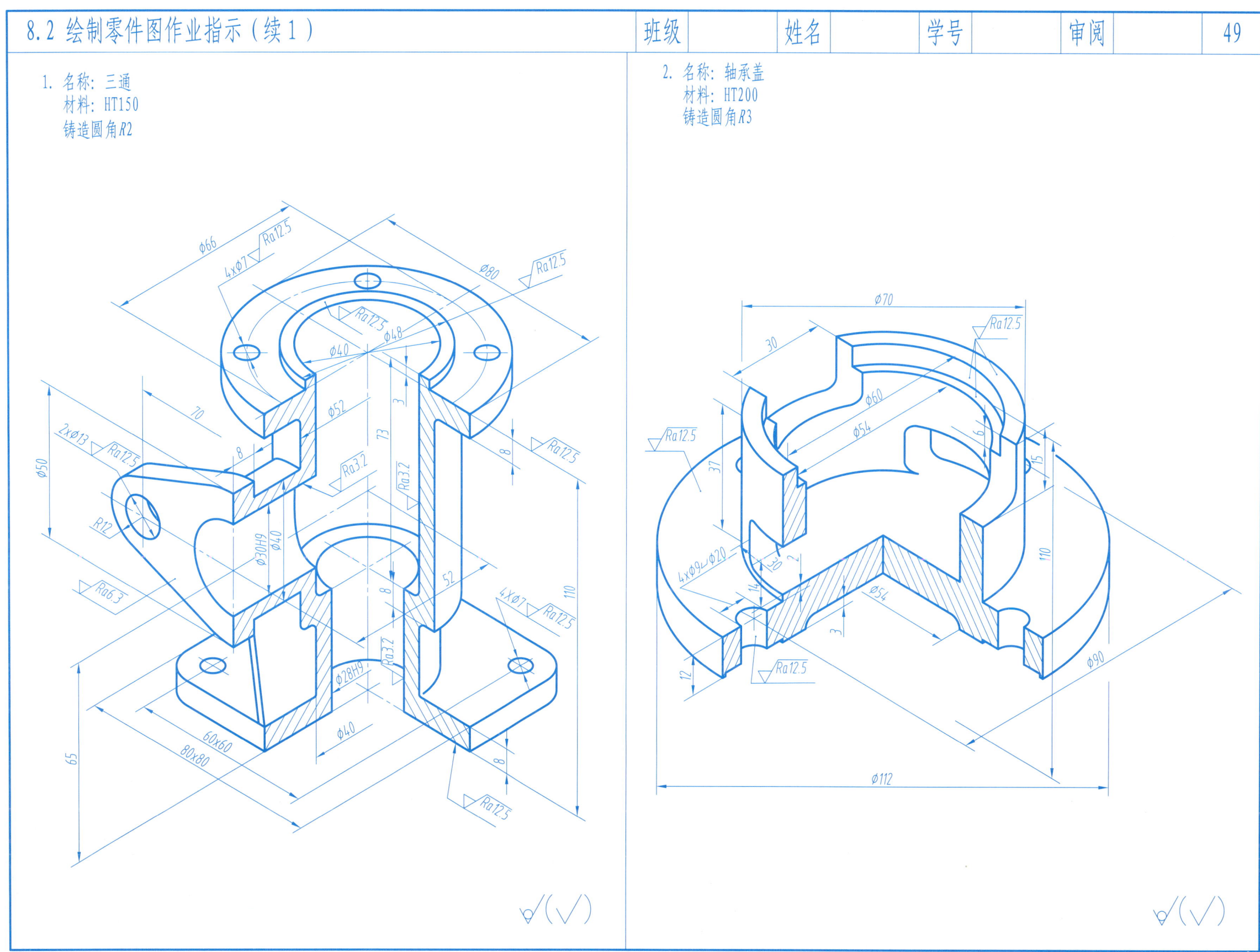

九、装配图 9.1 由齿轮泵零件图拼画装配图（比例1∶1，图幅A3）

第六次制图作业指示（一）——由齿轮泵零件图拼画装配图

一、齿轮泵介绍

1. 功用和工作原理

齿轮泵是一种利用一对啮合齿轮的旋转运动，以实现向系统输送压力油液的部件。齿轮泵的形式较多，其结构也相差很大，但其工作原理基本相同。如原理图所示：当主动齿轮在主动轴的带动下作顺时针旋转时，则充满在啮合右边进油腔中的油液（刚起动时为空气）被一对齿轮的轮槽沿箭头方向（旋转方向）带至啮合区左边的油腔。此时啮合区右边油腔形成局部真空（负压），油箱中的油液在大气压力的作用下通过进油管进入油腔，而被齿槽带至啮合区左边，排油腔中的油液则通过排油管被输送到系统中去，驱动工作机构工作或用于润滑。

2. 结构

本齿轮泵有11种零件组成，见装配示意图。在泵体内腔中有一对啮合齿轮，主、从动轮均用圆锥销分别和主、从动轴相连，轴的两端分别支承于泵体和泵盖孔中，泵盖与泵体用6个M6的螺钉连接。为了防止主动轴右端轴伸出处漏油，在泵体右端采用了密封装置，由填料、填料压盖和压盖螺母三件组成。在泵体与泵盖结合处放入软钢线板制成的垫片，一是防止渗油，二是可以调整齿轮与泵体、泵盖间的轴向间隙。

3. 公差与配合

齿顶圆与泵体孔 $\phi 40 \frac{H8}{f7}$；主、从动齿轮的孔与轴 $\phi 13 \frac{H8}{h7}$；主、从动轴与泵体、泵盖孔 $\phi 13 \frac{G7}{h7}$。

4. 技术要求

当机油黏度为2～5°E，油温为40～50 ℃，油压为0.4 MPa，转速为1 500 r/min 时，流量不少于1 000 L/h。

二、齿轮泵工作原理

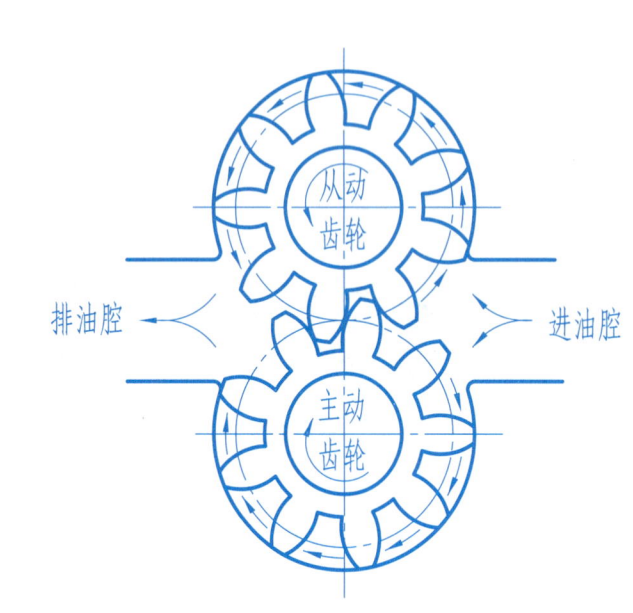

三、齿轮泵装配示意图

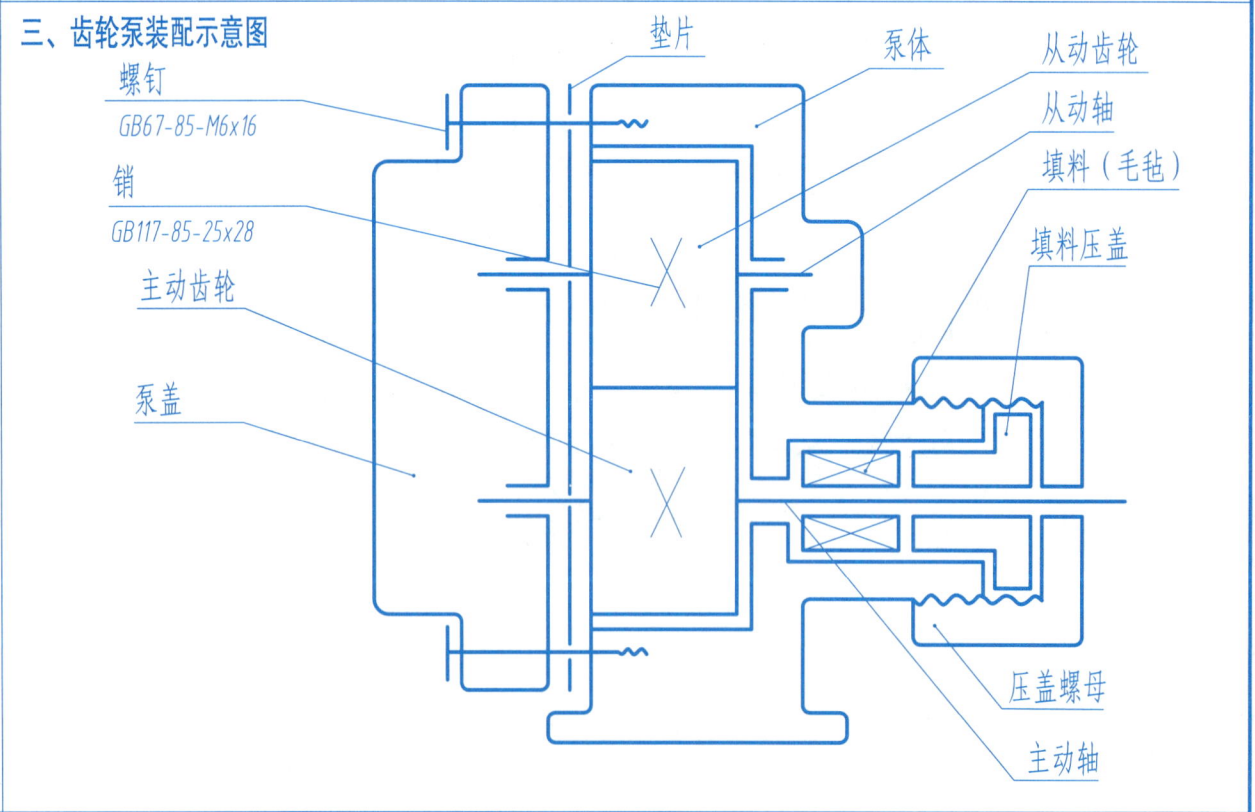

9.1 由齿轮泵零件图拼画装配图（比例1：1，图幅A3）（续1）

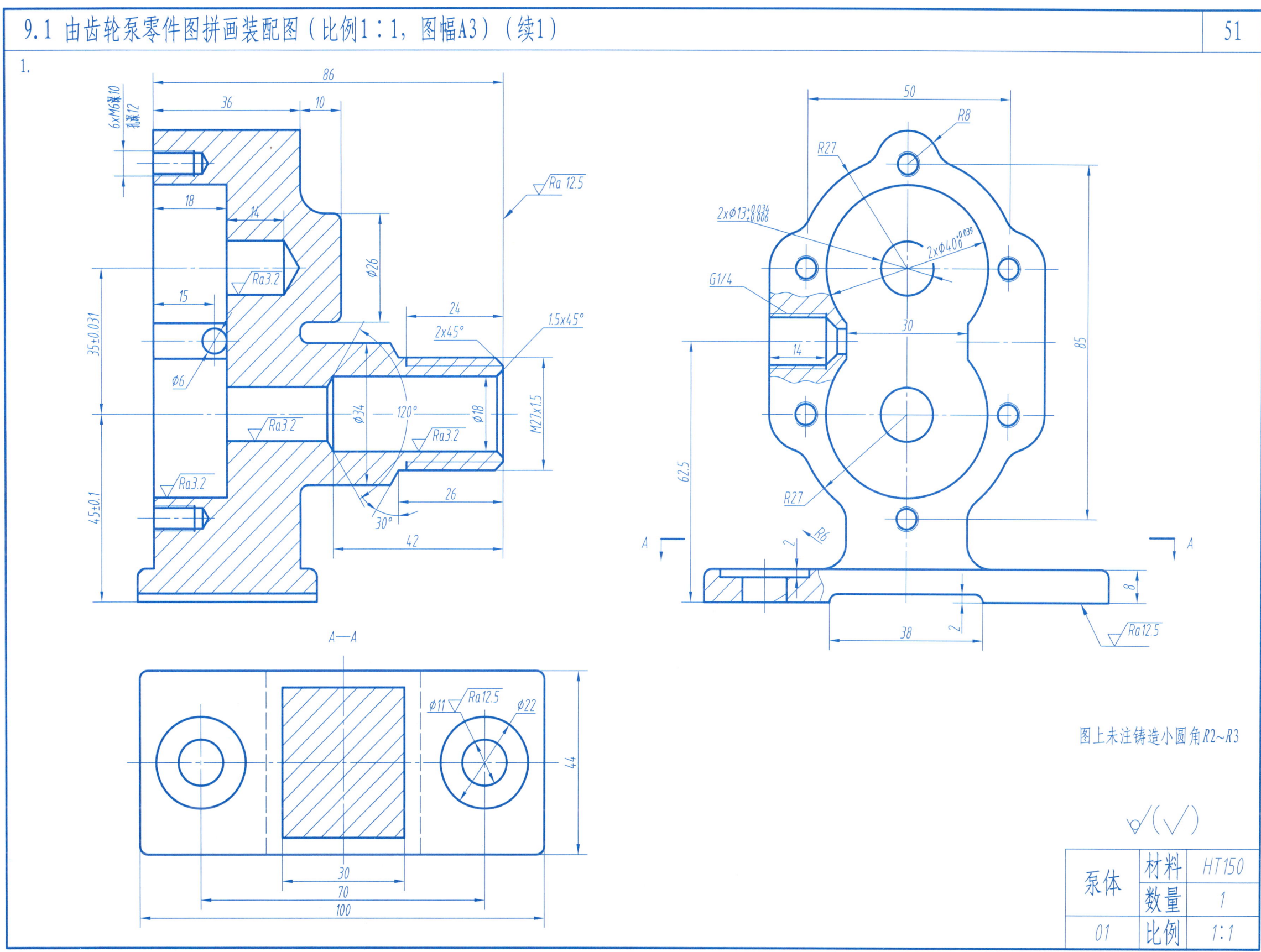

9.1 由齿轮泵零件图拼画装配图（比例1:1，图幅A3）（续2）

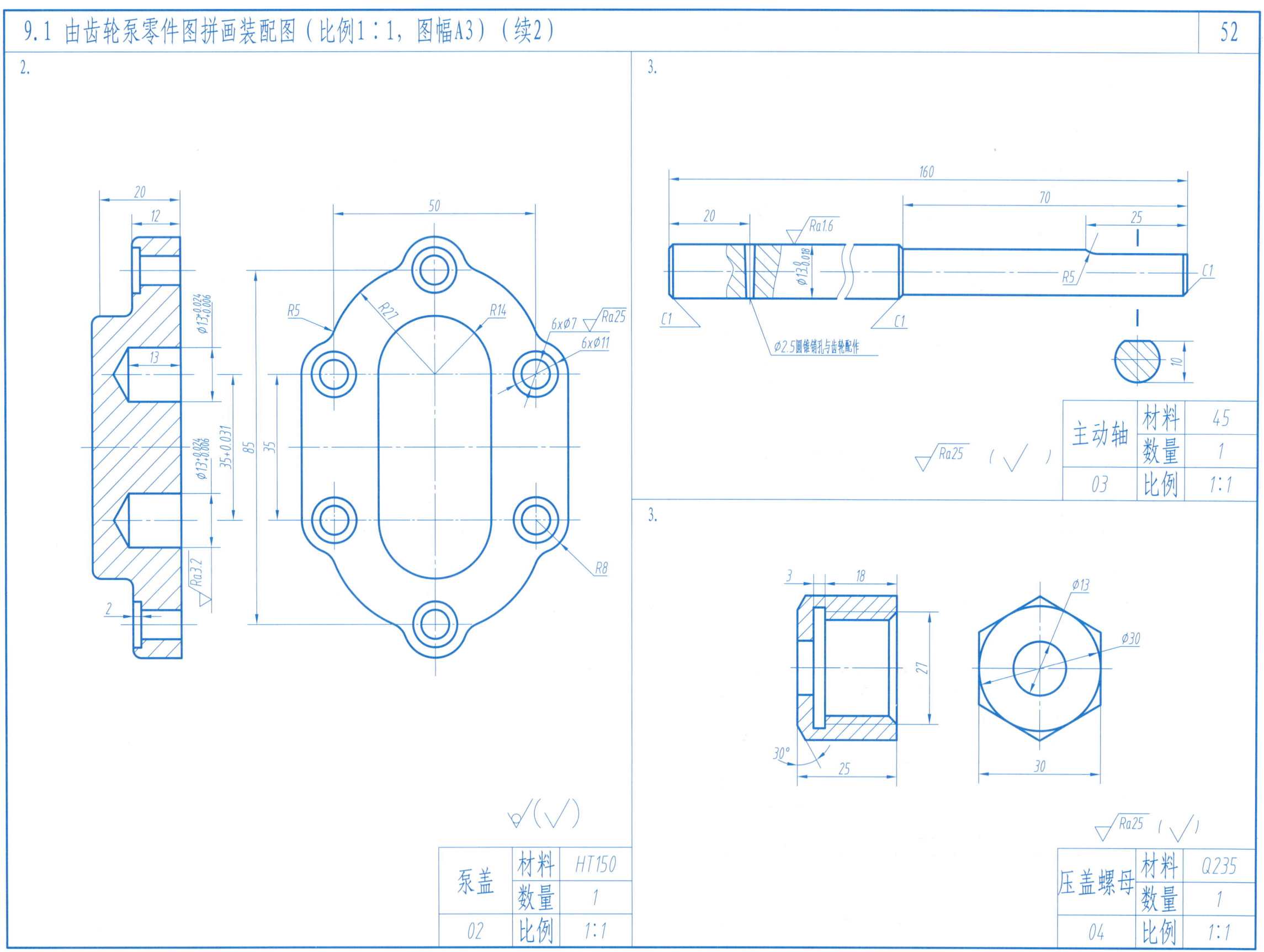

9.1 由齿轮泵零件图拼画装配图（比例1∶1，图幅A3）（续3）

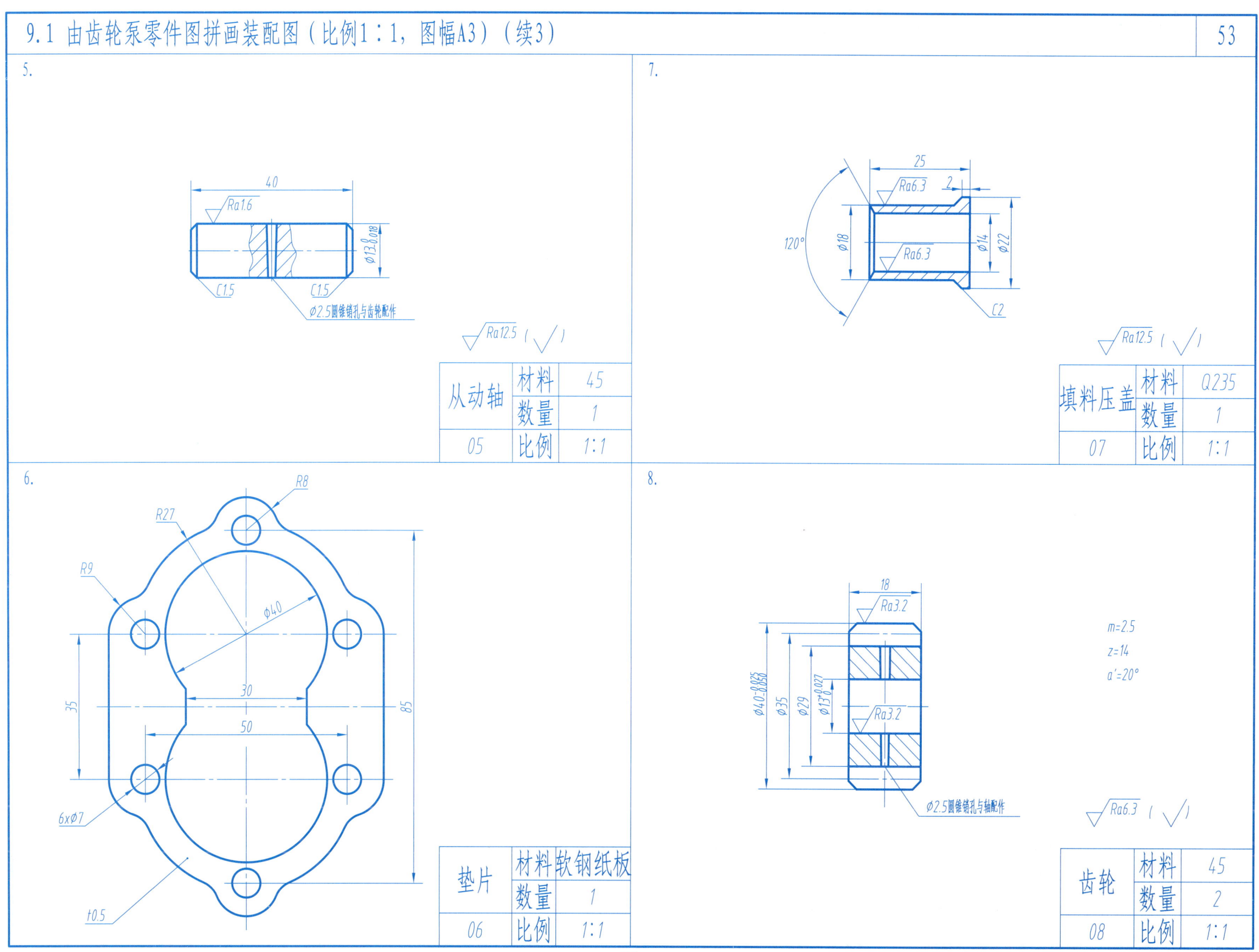

9.2 由机用虎钳零件图拼画装配图（比例1∶1，图幅A3）

第六次制图作业指示（二）——由机用虎钳零件图拼画装配图

一、机用虎钳介绍

机用虎钳是一种装在机床工作台上，用来夹紧零件，以便进行机械加工的通用夹具。虎钳用螺栓通过钳座上的安装孔装在机床工作台上。

当用方孔扳手套入螺杆右端的方头，并转动螺杆时，由于螺杆的左端已被螺母轴向限定在钳座上，不能移动，故螺杆的转动就带动方块螺母和与之用螺钉相连的活动钳口一起沿固定钳座作直线移动，使钳口合拢或张开，用于夹紧或卸下零件。

两块护口板用沉头螺钉固定在钳座上，以便磨损后及时更换。同时，为了增加其耐磨性和使用期限，护口板经淬火热处理，达到一定的硬度。护口板表面的滚花网纹是用来增加对零件的夹持力的。

二、机用虎钳示意图

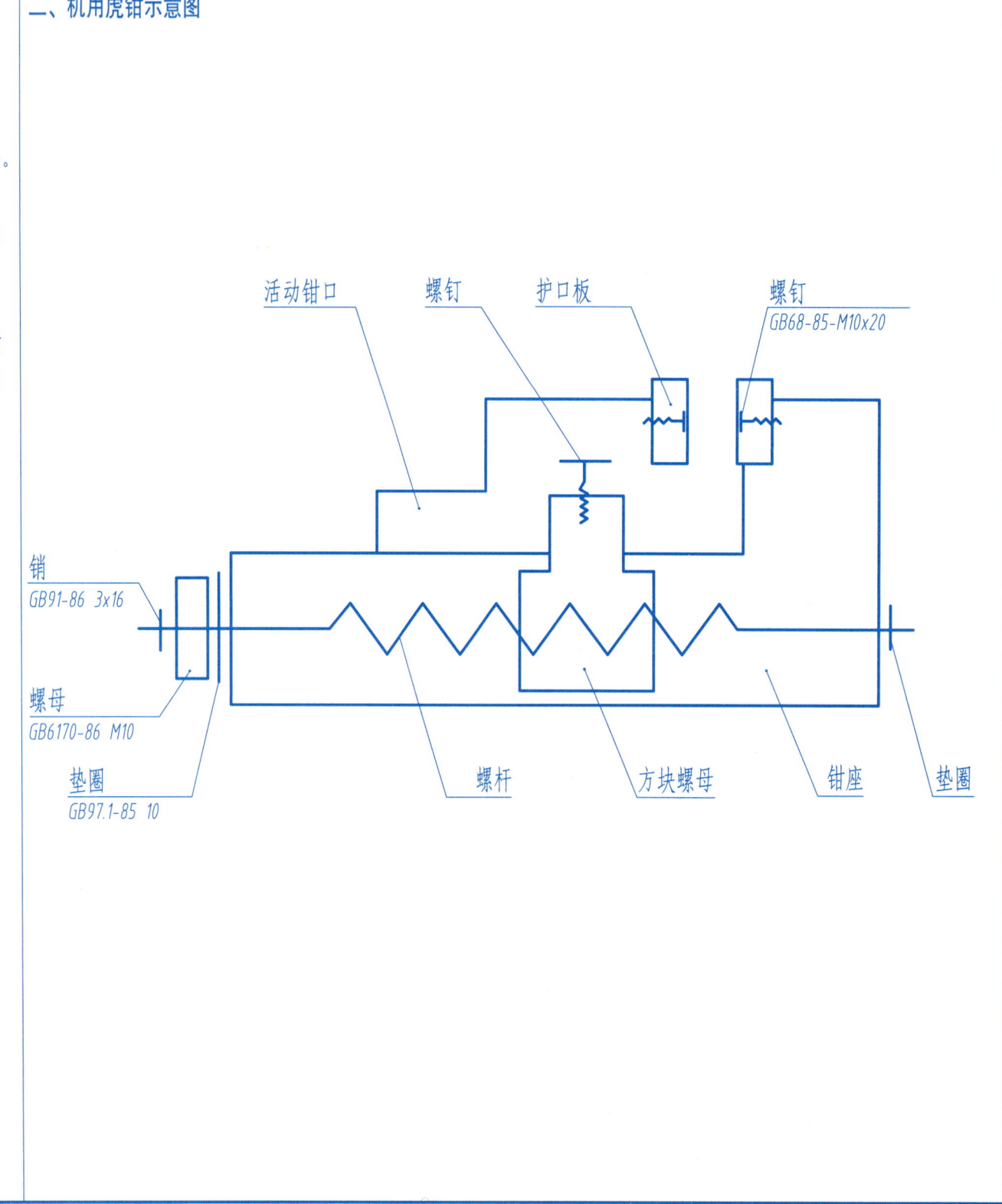

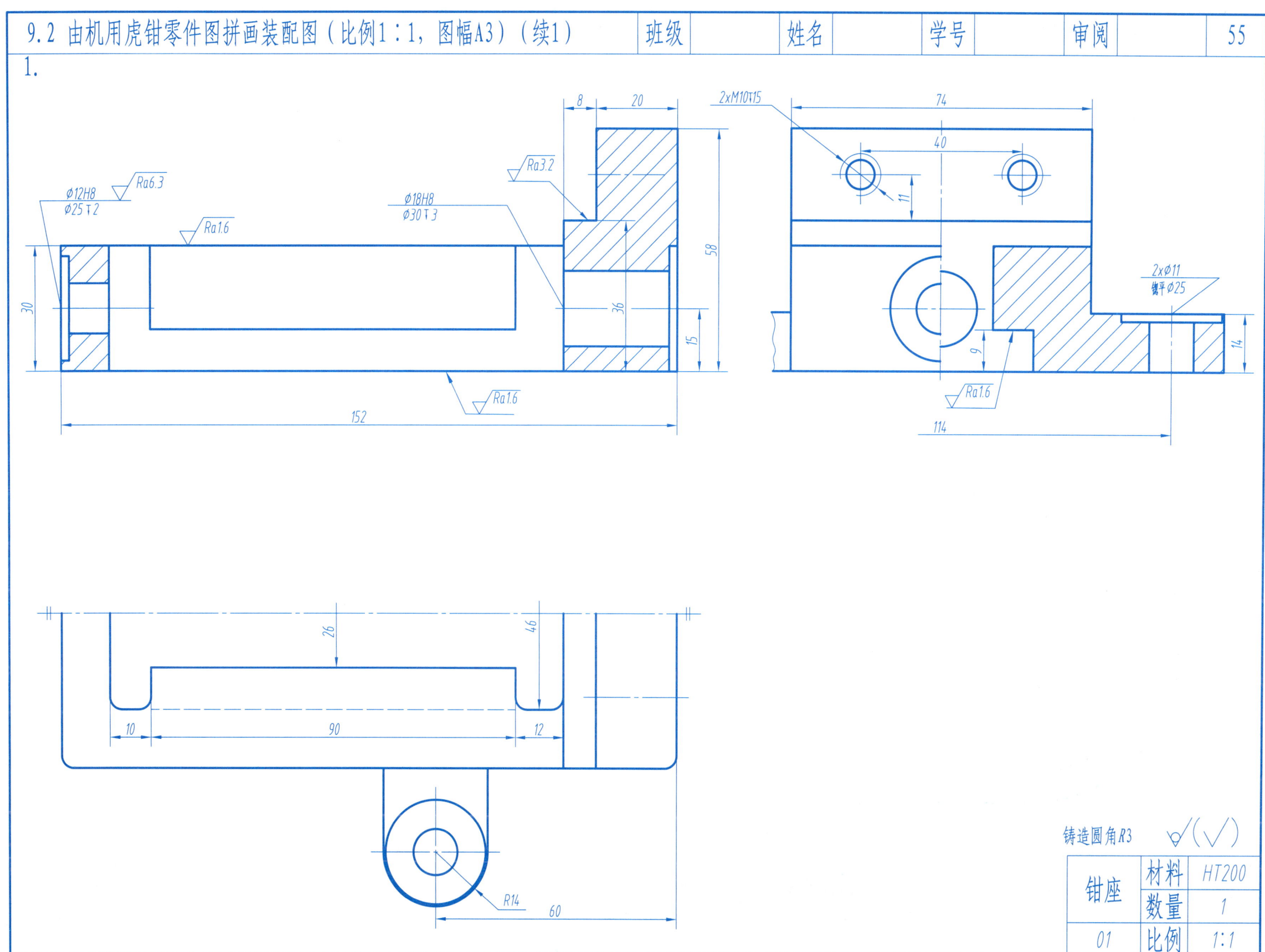

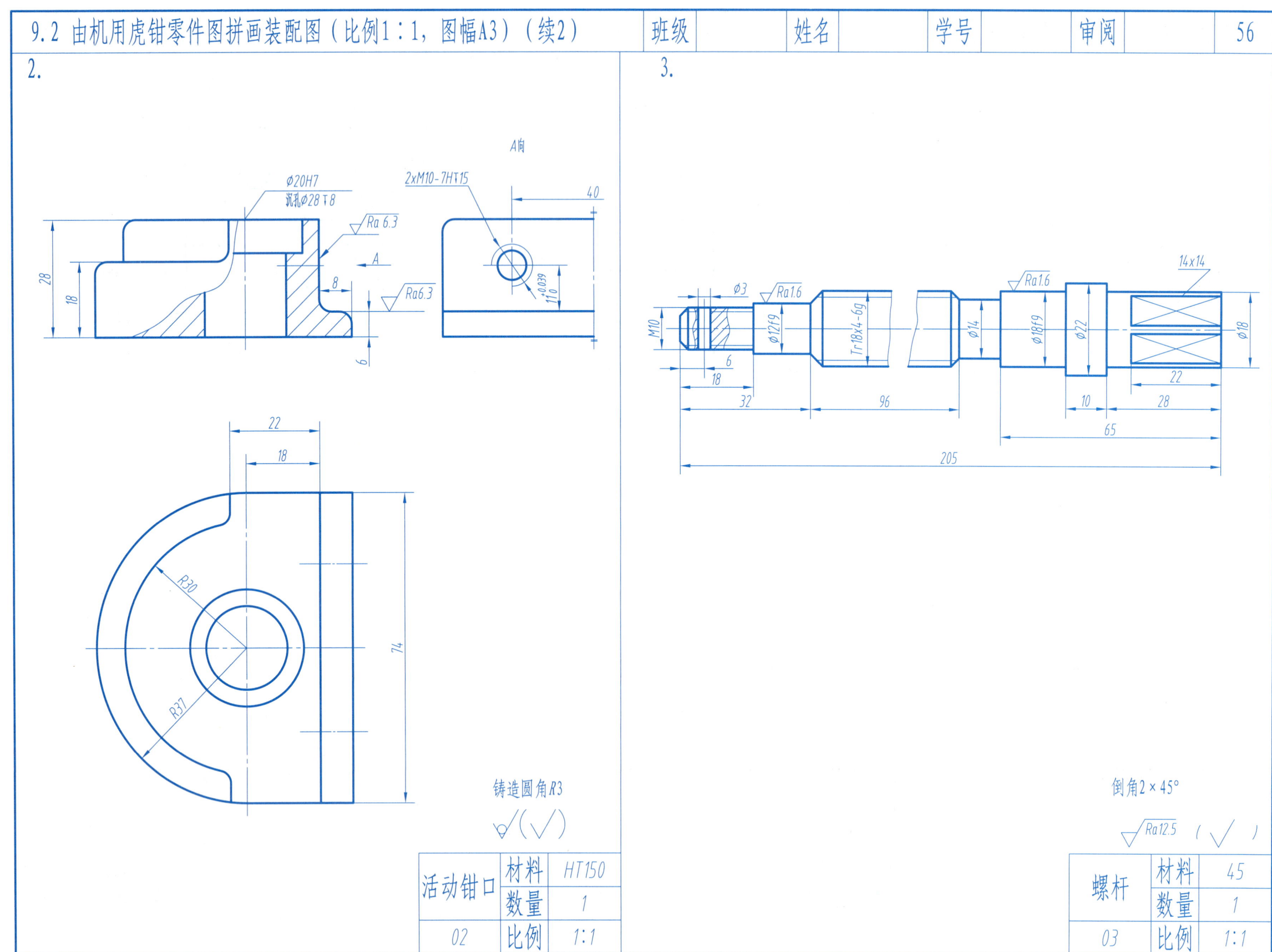

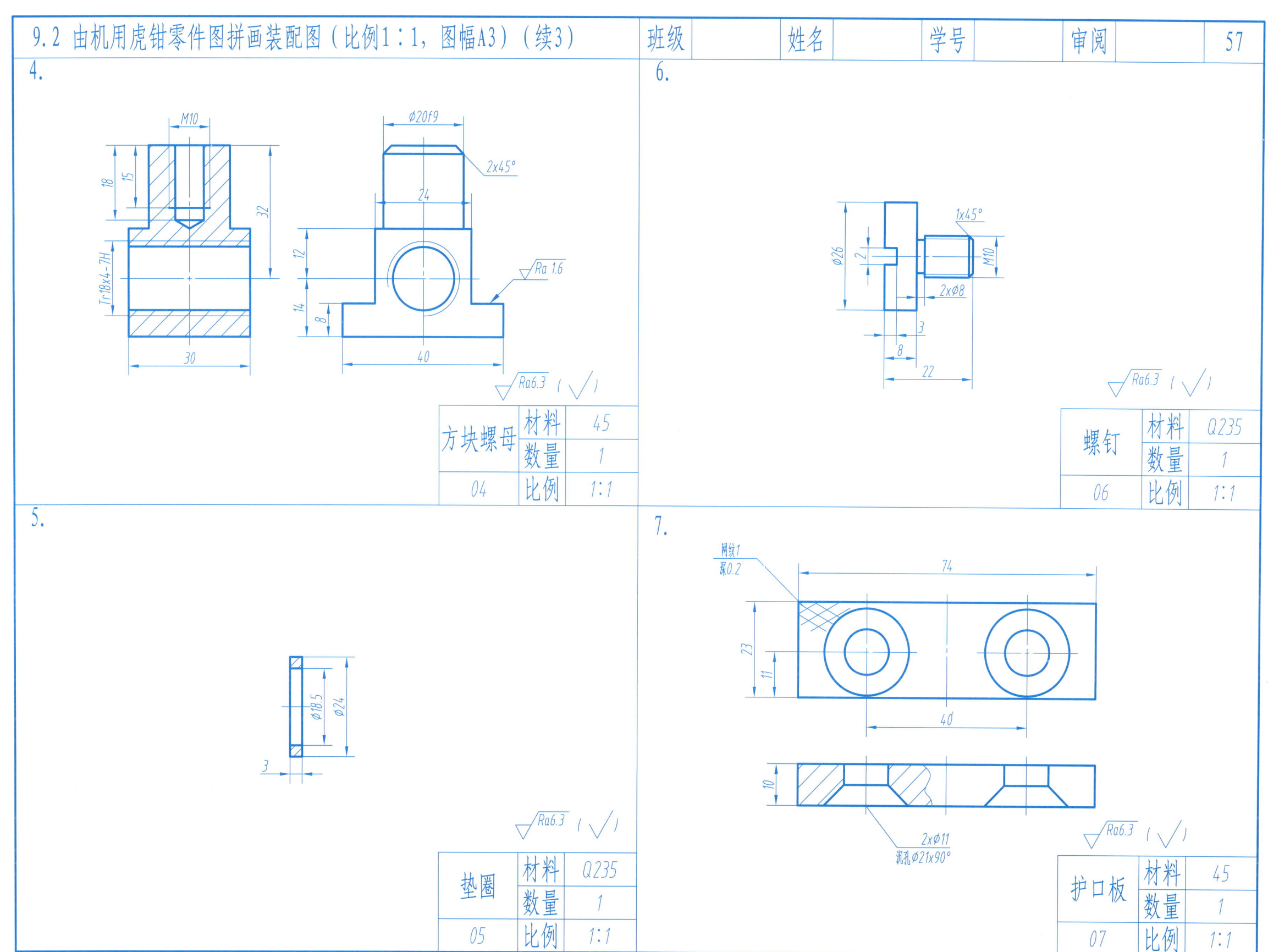